都市叢林醫生

——郭維租的生涯心路

題字／李金昌

·台北二中(今成功中學)四年級(1938年),當時中學爲五年制,郭維租提前一年在是年考入台北高等學校。

·郭維租的精神導師矢內原忠雄(1893-1961)攝於50歲時,左爲其親筆題詞:「我所傳播的誰信了?」(1943年攝)。

・郭維租(日名：宮村宏一)(左上端)就讀東京帝大醫學部四年級時與同學合影，這張照片攝於畢業那一年(1945 年)。

・東京帝大醫學部學生群像(攝於1945年)。

・郭維祖夫婦在士林社子里，後面二樓是郭醫師出生的住宅(約攝於 1963 年，40 歲)。

・昔日台大醫院內科主任小田俊郎教授伉儷訪台與台大醫院同仁合影。後排左四爲郭維祖(1960年攝)。

・郭維祖(後面第二排手抱女兒者)夫婦與家人合影於社子國小宿舍門前，左側樹旁爲祖母，前排右爲父親郭林田。母親郭陳爲治，當時辭世不久，故未在合影內(1956年左右攝)。

・1970 年重訪母校東京大學赤門前(赤門代表東大,鐵門代表醫學部)。

・戰後25年第一次重遊日本,與堂兄郭萬壹醫師一家人在長崎車站合影(1970年攝)。

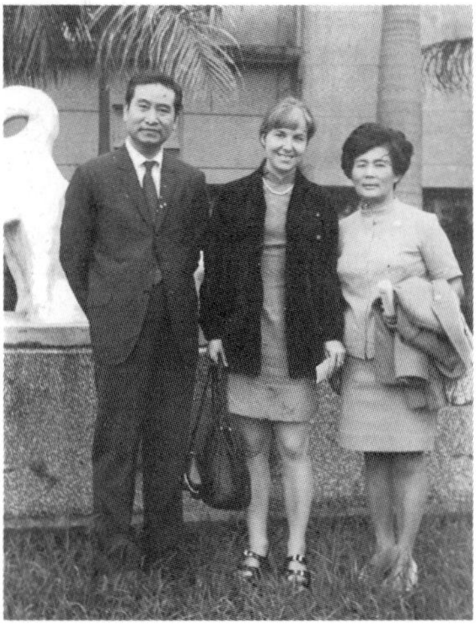

・1970年11月4日郭夫人王彩雲醫師(右)與陳五福博士(左)、史懷哲外孫女Christiane合影於「慕光盲人重建中心」(北成街舊校址)。

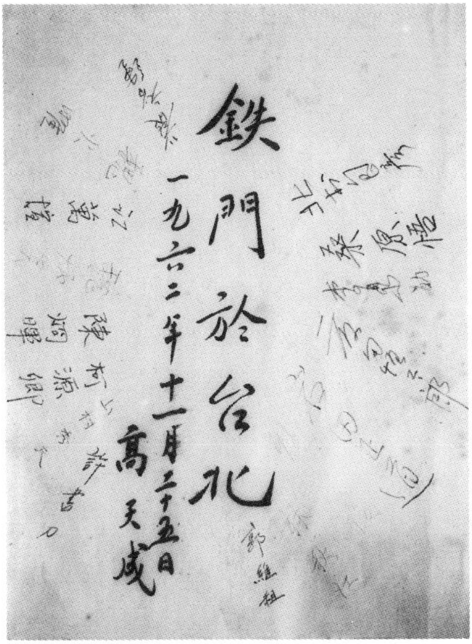

・東京帝大醫學院校友在台北召開同學會的簽名筆跡，「鐵門」係東大醫學部（1970年左右）。

・參加日本31屆基督徒醫科聯盟總會，左三爲王瑞澤醫師、中央爲郭維租，右一爲林明輝醫師，右三爲吳震春醫師（1978年左右）。

·世紀樂團演奏一景，前排拉大提琴者：右爲三女慈惠，左後爲四女信惠(1970 年)。

·郭夫人王彩雲醫師和五個傑出的兒女(1975年)。

・由右至左：蔡培火先生、張漢裕夫人、楊基銓夫人、師母矢內原忠雄夫人、郭維租醫師、林寶祥牧師(1970左右)。

・台北高校時代恩師石本岩根教授戰後訪台(約攝於 1970 年，在和平教會)。前排左一許鴻源博士，左二犀川博士夫人，右一松本巍教授，最後排左一郭維租，右一賴永祥。

・參加東京第一屆亞太史懷哲之友座談會時與諾貝爾化學獎、和平獎得主鮑林博士伉儷合影，前排左側為郭維租醫師，後排左側為陳五福博士，右側為高橋功博士（1975 年）。

・1983年在史懷哲紀念館前留影（自左至右陳五福夫婦、Miss Ali Silver、郭維租夫人王彩雲醫師、紀念館管理主任）。

·1983年在英國劍橋大學參加史懷哲國際會議時合影。自左至右依次爲施義勝教授、陳五福博士、王義雄牧師、史懷哲獨生女Rhena、陳五福夫人(陳連年女士)、郭維租醫師、郭夫人(王彩雲醫師)。

·由左至右依次爲王彩雲醫師、黑岩教授伉儷、劉瑞騰醫師、郭維租醫師(1983年於淡水Oxford College)。

・郭維租夫婦在美國與女兒和孫子團聚合影(1988年)。

・走過時光歲月的金曜會(1988 年)。前列左二林彩霞醫師，左三林宗義教授夫人，右一三峽陳醫師夫人，右二林秋錦教授，中列右一高慈美教授，右二李超然長老，左一岡村牧師娘，後列左一岡村牧師。

・參加國際史懷哲座談會，在聯合國大門口登記處合影。由左至右爲陳五福博士長女陳倫美女士、石醫師、黃勝雄夫人、黃勝雄院長、王彩雲醫師、郭維租醫師、林明輝醫師（1992年8月14日）。

・坐在診療室內的郭維租醫師（鍾豐義攝於1993年）。

・相伴相隨走過五十年的郭維租、王彩雲醫師伉儷(鍾豐義攝於1993年)。

・左起作者、郭維租、文經出版社社長吳榮斌(鍾豐義攝於1993年)。

・1995年夏，日本史懷哲之友會在歧戶舉行，郭維租會長在大會演講。

・1995年夏參加日本史懷哲之友大會在餐廳合影，左起爲陳庵君院長夫人、郭夫人(王彩雲醫師)、郭維租醫師、高橋功博士。

・日本史懷哲之友會員訪台(後排右起四人)，後排左一爲林俊育長老、左二爲本書作者，前排左邊爲陳五福博士夫婦，右邊爲郭維租醫師夫婦(1995・4・6攝於台北)。

・對郭維租醫師來說，病人也是可以聊天話家常的老朋友(黃靖雅攝於1995年)。

目次

神的旨意

陳五福

一轉眼，和郭維租醫師相識交往已經三十年了。其實，我們是同時代的人，接受教育的歷程也頗多相似。我痴長他四歲，我們分別在自己的故鄉給本省子弟唸的「公學校」完成小學教育，之後我由羅東到基隆中學就讀中學(當時中學爲五年制)，他進入台北二中(今成功中學)，然後考入相當於大學預科的台北高校。因爲年歲的差異，在三年制的台北高校階段我們無緣相識，但是回憶起來卻有共同的師長。日後我們都選擇了學醫的路，我進入當時的台北帝大醫學部，郭醫師則負笈東瀛，考進東京帝大醫學部。

讀這本傳記，才知道郭醫師弱冠之年，在日本邂逅思想家矢內原忠雄後入信成爲基督徒。同一年他在「高千穗號」海難中得慶重生。他在船上看的兩本書，其中有一本是野村實博士所譯史懷哲著作《介於水與原始林之間》(英譯本書名爲《原始森林的邊緣》),我卻在一九五七年參加「日本眼科醫學會」時拜訪矢內原先生,一九五九年讀野村實的《人——史懷哲》開始與史懷哲博士通信,前後六年。

一九六五年史懷哲先生以九十高齡,在他獻身五十二年的非洲蘭巴倫安息。那一年我們二人的共同朋友高橋功,正好從他獻身的蘭巴倫回日本度假,未能親自伴隨這位偉人走完人生的最後一程。也是這一年底高橋功受邀來台灣演講,報告他在蘭巴倫服務七年多時光的心路歷程。這時我第一次和久聞大名的郭醫師見面,並開始了我們恆久不渝的交往,人生中有一種朋友一見如故,默契於心,甚至不用說什麼話就能完全溝通,算是奇緣?不,是該有的緣分吧,和郭醫師伉儷的交往正是這種感覺。郭醫師所敬仰的和我相同,而且他的工作態度在在可以給學醫者效法。

三年前曹永洋先生撰寫了《噶瑪蘭的燭光》,記錄我做爲一個眼科醫生所做的一些社會服務。如今他又完成《都市叢林醫生》這本傳記,郭醫師和我都是七十多歲的老醫生,我自己從眼科醫師退休也六年了,渴盼餘年仍能爲視障同胞奉獻一點心力。形容投緣的朋友有一句話說:最好的朋友是第二個我,他確實給我這樣的印象。

郭醫師和我先後擔任「台灣史懷哲之友」會長，目前這個以法國昆士巴赫史懷哲紀念館爲中心的團體，在全世界已超過五十多個國家，希望大家能多體認史氏一生所致力的「尊重生命」、「博愛和平」的思想，創造一個更美好的世界。

在這即將踏入二十一世紀的最後五個年頭，環顧迄今仍然紛擾的年代，想到人類仍處身於動盪不安、明爭暗鬥的困局中，史懷哲七十年前勇於向全世界呼籲重建倫理道德秩序，復興世界文明，締建大同世界的的思想，更顯出他的實踐力和遠見。

郭醫師和我都是基督徒，也追隨史懷哲的腳踪，希望這本傳記的事蹟能帶給讀者們積極的奮鬥指標，鼓舞大家追求有意義的人生。

我也期待作者的第三本傳記《神的國·人間路/高俊明牧師傳》早日問世。我們三人和作者都屬於「史懷哲之友」會員，如今都成爲曹永洋先生傳記筆下的對象，想來這一切都是神的旨意吧！

一九九五年十一月三日

寫於羅東

「慕光」36周年校慶

第一篇/啓蒙

一、福爾摩莎

這個當年被葡萄牙水手呼稱為Formosa的美麗島嶼，在四百多年的歲月裡，通過歷史和時間的隧道，一次又一次面臨了它苦難、曲折、悲劇性的命運。……

宇宙中的萬物，莫不與其孕育的土壤、空氣、天候、地理位置息息相關。號稱萬物之靈，被巴斯噶視爲「脆弱如蘆葦，因思考而超拔」的人類也無由例外。人類通過生、病、老、死的軌跡，完成了俗世的生涯歷程，但就其運作的全盤起伏的點、線、面來界定，沒有一個人不是他(她)身處的時代的產物。基於此，在這裡我所要記錄的一個台灣草地醫生的事蹟，也必須從上述的客觀條件去了解。

美麗島滄桑史

這個當年被葡萄牙水手呼稱爲「福爾摩莎」(Formosa)的美麗島嶼，在四百多年的歲月裡，通過歷史和時間的隧道，一次又一次面臨了它苦難、曲折、悲劇性的命運。

從十六世紀末葉以降，和中國大陸隔著台灣海峽的這個美麗之島，業已成爲航海發達的葡萄牙、西班牙、荷蘭諸國向東挺進覬覦的目標。個中尤以荷蘭人的意圖最爲彰著，其行動昭然若揭表現在兩次的軍事行動裡。第一次是明朝萬曆三十二年(一六〇四)荷蘭海將韋麻郎率領艦隊從馬來半島東岸的大泥出發，於是年八月七日悍然登陸澎湖。第二次軍事行動其間相隔只有十八年，明朝天啓二年(一六二二)荷蘭東印度公司派遣遠征艦隊司令柯納留．瑞耶遜（Cornelius Reyersen）率領十七艘艦隊浩浩蕩蕩再度佔領澎湖，並且公然築城於媽祖宮的紅中埕（現在馬公附近），自此荷蘭艦隊已在福建沿海出沒。明朝眼見荷蘭如此囂張，深恐其勢力會擴展到內地，於是在明朝天啓四年（一六二四），福建巡撫南居易派遣總兵兪咨皐率領部屬二千人攻打澎湖，交戰達八月之久，明軍生擒荷蘭高文律（Kobenloet）等十二人，中荷展開休兵議談。孰料，原本達成荷蘭人退出澎湖，但准其通商的協議，反而引起荷蘭佔領台灣三十八年的野心。荷人於一六二四年從台江的鹿耳門（今之安平港）登陸，任命爾顚松克爲第一任領事，明崇禎五年（一六三二）建築赤崁城於一鯤身（就是當時仍爲一個小島的安平）這是歷史上有名的熱蘭遮城，後來荷蘭人以此爲根據地，向南北擴充勢力。

荷蘭佔領台灣38年

荷蘭人佔領台灣殖民地（一六二四——一六六二）期間，除出售大量鹿皮、硫磺，獎勵漢人種植甘蔗、稻米等經濟作物外，還從印度買入一百二十一頭黃牛，從事養殖並進行耕作。在這段佔領期間，漢人人口從荷蘭人統治初期三、四萬人，激增至末期十萬人左右。相對的，原住民由於激烈反抗，人口卻從一六五〇年的六萬八千六百五十七人急遽下降。荷蘭人挾船堅礮利的優勢，花生、鹿皮、黃牛、硫礦隨著飄揚的荷旗，源源不斷由安平港進出台灣本土。右手拿槍，左手持聖經的荷蘭傳教士，也趁此進駐台灣。這是基督教文化進入台灣舞台的嚆矢。荷蘭人同時也展開原住民教育，興建學堂，以傳教士爲教師，以羅馬字拼音的翻譯聖經、祈禱文、十誡等，甚至創造新字(即新港文字)，凡此種種皆對原住民生活產生極大的衝擊和變化。

清順治十六年(一六五九)七月，鄭成功以明朝臣子的身分和清人交手，在南京兵敗。退據金、馬，作爲長期「反清復明」的打算，乃屬意攻取台灣。順治十八年(一六六一)鄭成功率領征台大軍二萬五千人，分乘九百餘艘船艦，從金門料羅灣啓航往鹿耳門入台江，經九個月之攻戰，拿下赤崁城，包圍熱蘭遮城，迫使荷軍長官揆一投降獻城，簽訂十八條投降條約，結束了荷蘭人治台三十八年的歷史。

鄭成功治台

鄭成功統治台灣(一六六二—一六八四)歷經三代，前後只有二十二年。鄭氏因爲一心抱著「反清復明」的信念，致力開墾，展開尊儒釋、壓抑基督教、定制度、建孔廟、興學堂、行科試的政策，有如大陸明朝的翻版。在清廷採取孤立台灣，嚴禁通海的封鎖政策下，鄭氏在開發台灣期間已積極朝製鹽、製糖、水利、栽培稻米技術，振興士農工商方面發展，並且與海外、日本、東南亞、西歐列強有了實質的外交經貿關係。

可惜鄭成功領台五月，英年病逝。鄭經接承未竟之業，任用陳永華大事經營，對於土著居民力事安撫、獎勵農耕，對蕃童施行教育，然於盛年辭世。嫡子鄭克塽繼位時年僅十二歲，國政大權旁落於忠誠伯馮錫范之手。鄭氏三世，爲期甚短，台灣人社會能由此紮根，由點展開爲面的發展，此實爲關鍵，不容忽視。清康熙二一年(一六八三)清廷決心收拾明朝殘餘勢力，派水師提督施琅征台，鄭克塽投降。一六八四年台灣又劃入中國版圖，在台設一府三縣，與廈門合置道官一員，撥兵一萬駐台防守，此時台灣爲福建省的一個府，直到清光緒十三年(一八八七)才分立爲台灣省。經沈葆楨、劉銘傳銳意經營，逐漸邁向現代化之路。不過當時清朝治台並不是我們所想像的屬於全面性。明治初年牡丹社生蕃殺害漂流的琉球漁民，日本抗議，清朝竟說是「化外之民」，結果日本自己派兵討伐，由此可思過半矣。

簽下「馬關條約」賣身契

時間進入十九世紀中葉，顢頇腐敗的清廷，在歐美列強環伺之下，成爲列強諸國瓜分的目標，台灣成爲人人想吞噬的俎上肉。中日戰爭兵敗，清廷派北洋通商大臣兼總督李鴻章偕其子李經方，於一八九五年在日本馬關（今之下關）春帆樓，與日本總理大臣伊藤博文進行談判，是年四月十七日簽下台灣同胞的賣身契「馬關條約」，這個喪權辱國的條約決定了日本據台五十年（一八九五—一九四五）的歷史鎖鏈。在長達半個世紀的殖民政策下，日本人把台灣農產資源視爲進軍大陸、鯨吞世界的供應地，遂行其侵略野心的跳板。日人在台灣設立金融機關，開發經濟作物，爲了便於農產原料輸送，著手修築基隆港、蘇澳港，完成縱貫鐵路、宜蘭鐵路。把台灣原來具有本土味的地名逐一皇民化：改雞籠爲基隆，打狗爲高雄，打貓爲民雄，阿猴爲屏東，牛罵頭爲清水，水返腳爲汐止，錫口爲松山……。教育制度方面，台灣子弟只能進入「公學校」就讀，日人子弟則進入「小學校」，盡量在課程、高等教育的比率拉開差距。在很多方面使台灣子弟受到發展上的限制，到了晚期更加緊皇民化的腳步，更改姓名，進行全盤的同化政策。在日本治台五十年間，正逢日本本國急速現代化的階段，無可否認的，台灣在醫療、衛生、產業、教育方面的推展，確有其不可掩蓋的成績。而大陸自民國建立以來，始終處在軍閥割據，動亂頻仍的時局中，由於這半個世紀不同語言教育、時地造成的落差，使國府接收時，台灣人面臨了由希望到幻滅的掙扎過程，埋下二二八衝突的悲劇因素。

一九三七年盧溝橋事變，大陸和日本展開了長達八年的戰爭：一九三七—四五年，人類進入第二次世界大戰的火海裡，最後美國在廣島、長崎投下了殺傷力驚人的原子彈，結束了這一場大戰，根據一九四三年中美英開羅會議決定，一九四五年十月二十五日，台灣、澎湖又再度走入歷史命運的羅網。

不久，蔣介石、毛澤東掀起了國共內戰，歷史有如倒轉三百年，回到明鄭時代，國民黨丟掉了大陸江山，退居台灣，於是展開了戰後台灣另一頁被命運捉弄推動的歷史。

三百多年來，台灣經歷了這樣一條坎坷、曲折的命運，不斷在簽約、和談中航向不可知的未來，難怪鐵血文人吳濁流要以「亞細亞的孤兒」爲他的小說命名，如果我們平心靜氣回頭看台灣四百年歷史的變遷，便能深深體會吳濁流先生的感受是多麼痛切，這個妾身不明，被人推來推去的孤兒，什麼時候才能決定選擇自己的命運呢?在蔣家王朝結束七年期間，台灣經歷了沈滯半世紀來從未有過的急遽變革。一九九六年三月二十三日將產生第一屆民選總統、副總統，在這個歷史重大關鍵的轉捩點上，撫今追昔，台灣人民是否該做更深刻的反省?

今年一月二十八日，我在西門町眞善美戲院看了萬仁導演的《超級大國民》(Super Citizen Ko)，熱淚禁不住爬滿我的臉頰，容我在此對參與這部電影製作的萬仁、吳念眞，演員林揚、陳秋燕、柯一正、陳國鈞、蘇明明、邢峰……獻上我的敬意。在台灣戰後生活半世紀的每一個國民，都該面對這個歷史的創痛!

二、昔日社子島

全島對外交通僅靠一條老舊的吊橋，橫跨基隆河與士林接連。戰後興建一條跨越番仔溝的延平橋之前，居住社子島的人到台北城辦事，大都以步行爲主，或搭船過番仔溝。

如同分佈在台灣各地的小鄉鎮，戰爭結束的一九四五年，社子還是一個名副其實的島嶼。當時淡水(滬尾)、北投、士林(包括社子)、陽明山都隸屬於台北縣，因爲蔣介石落籍士林鎭(今改爲士林區)福林里，士林與北投又成爲陽明山管理局特別行政區。筆者就讀初中時，擔任福林里里長的姑丈江阿臨常常戲稱自己是天下第一里里長。社子除東、西、北三面分別由基隆河和淡水河所環繞之外，在南面與大龍峒交界處，尚有一條「番仔溝」的河道連接基隆河和淡水河。如果從高處俯瞰或由平地眺望，硬把社子和台北截然劃開成爲一個村舍儼然的島嶼。

童年時代的故鄉

全島對外交通僅靠一條一九三六年興建的吊橋，橫跨基隆河與士林(舊名八芝蘭)接連。戰時興建一條跨越番仔溝的延平橋之前，居住社子島的人到台北城辦事，大都以步行爲主，或搭船過番仔溝。

上岸後經大稻埕才到北門。有時渡船停擺，那麼只好由吊橋繞道士林，其不便可想而知。由於河流的隔絕，社子島始終保持著較諸毗鄰的士林更封閉的農村面貌，也許正由於這個緣故，在二次大戰末期，這個落後的農業小島，躲過了多次美軍轟炸機的襲擊。

社子當時人口(一九二〇—三〇年代)大約只有六、七千人，整個士林鎭人口也不過兩萬五千人，社子島人過著典型的農村生活，居民大部分從事農業，少部分則從事漁業或其他行業。社子島由基隆河、淡水河沖積而成，東邊靠基隆河的土壤爲黏土性，西邊傍淡水河爲沙土性，居間則因兩種土壤摻雜，使農作物也呈現了多樣性，包括水稻、蔬菜、甘蔗、花生、瓜類、竹子等。同屬於士林鎭的中心，香火鼎盛的慈諴宮和士林街，當年還是標準的市鎭街衢，如今一部計程車開進去就有進退維谷的窘困。至於現在是士林新社區的忠誠路一帶，當時還有很多是同姓宗族生活在一起，戰前仍和社子一樣，舉目望去一片綠野田疇，有如藍蔭鼎彩筆下的農家景象。漁業方面，由於淡水河口潮汐變化，可上溯到現在景美、汐止一帶，漁獲除一般淡水魚，還有赤鯖、烏格、鮒子、花身等，淡水、海水交會處又可捕獲花蛤、鰈魚(又稱黃帝魚)，現在東吳大學外雙溪可以捕到肥美的河蟹，澄澈見底的溪流，可以抓到鮎鯀、泥鰍、土殺、三斑……。收穫後犁過的田土，跟在水牛屁股後面，發現地面有洞洞，用指頭去挖，可以揪出一條條活生生的黃鱔。童年時代挖蓮藕、荸薺、拾田螺都是孩子們美好的回憶。黃昏時有時可以看到動作敏捷的烏秋在空中追襲鷹鳥，現在已經瀕臨絕種的台灣鷹在日暮時分可以看到牠們結隊飛落在劍潭、士林(如今銘傳管理學院一帶)、大直那個方向的山坳裡，孩子們知道山裡面有鷹群棲宿的密林吧！

全盤改觀

一九五二年基隆河改道工程，防洪堤防的完成，吊橋拆毀廢河道變成了新生地，外縣市人口大量的遷入。等到一九六七年士林、北投併入台北市，且由「鎮」改爲「區」，一切的帷幕全盤改觀，士林、社子發生了脫胎換骨的鉅變，農地改建、地值暴漲，原本封閉性的地理條件解體。伴隨台灣經濟迅速的轉型，社會面臨了多元化性的變化，原來樸質的農村性格消失了，取而代之的是一個資訊快速、形態結構複雜、開放、跳動的工商業社會。如今除了芝山岩惠濟宮一帶，士林街市的慈誠宮幾處古蹟，三十歲以下的年輕一代恐怕已很難想像當年那個典型的台灣鄉鎮面貌。

三、素樸家園

郭維租的父親郭林田，母親郭陳爲治因爲接受了日據時代的師範教育，兩人都是社子公學校的教師，這樣的組合使郭家由「農」這個階層轉而進入「士」這個階層，由於父母都是小學老師，對兒女的教育更加重視……。

出生

本書要記錄的主角郭維租，一九二二年十一月十三日誕生在士林鎭社子一個平民之家，那是日本佔領台灣第二十七年。從最早的祖譜追溯，郭氏祖籍山西汾陽，幾百年隨著戰亂，北方人民的竄逃，南移福建泉州後來再遷徙台灣北部定居。他們郭家這一族遷居台灣，從時間上推算，不算太早，郭維租屬於第五代、祖父郭君俟、祖母陳買，務農爲生，就像早期舊社會裡的農家每天過著「日出而作，日落而息」的生活。當時社子島上人口大約只有六、七千人左右，主要交通工具是走路，能有自行車(腳踏車)代步是大家羨慕的。乘渡船到台北辦事，是人車擠在一起。可以乘船逆航淡水河，也可以循基隆河段(現在圓山、劍潭的基隆河經常看到帆船點點)，坐往大橋頭或萬華(舊名艋舺)的渡船，由船伕划槳，可坐十幾個人。由社子到萬華航程約需四、五十分鐘，後來有了吊橋可以由社子抵達士林，社子島的人要到台北上班、上學，大部分人是騎自行車到士林再進入台北。

前郭／後郭

社子島郭姓人家有兩個聚處：一個是葫蘆堵地區，另一個是社子地區，兩地區的郭姓人家分屬不同支族，也不相往來(反而是洲美郭姓人家與社子地區同樣供奉被稱爲白鬚祖的郭子儀，並定期有迎神賽會，互有往來)。社子地區的郭家，可分爲「前郭」與「後郭」兩個竹圍，中間僅隔一條延平北路。族譜上記載此二系郭姓人家原來由兩兄弟在社子地區繁衍而成。進入五〇年代初期，最早由福建泉州遷徙來社子定居，已經長達第九代，他們便在社子區這片土地上安居下來，過著農業或捕魚爲生的日子。

一八七二年加拿大籍宣教士馬偕博士抵達淡水(舊名滬尾)傳教，並進行醫療工作，距今約一百多年前社子島上成立第一個教會——三角埔長老教會。接著「後郭」整個「竹圍」都加入這個教會，也許正是這樣環境的影響，小小的社子島後來竟培養了三、四十位熱心傳道的牧師，譬如郭馬西、郭和烈、陳泗治、郭水龍、李幫助、李鏡智等牧師，都是社子島出身，熱心傳揚福音的牧師。而同宗的「前郭」仍然守住傳統式的宗教信仰。這是十分有趣的現象。前面提到「前郭」、「後郭」在日常生活中雖無密切的來往，但還是守著舊社會輩分的倫理，一代一代相傳下來。彼此相識的郭姓人家，在喜慶婚喪時亦有來往。進入六〇年，社子防洪堤完成、農地改建，外來人口大量遷入。如今士林、社子人口結構不變，大概世代的居民只佔三分之一，其他三分之二都屬於外縣市遷徙而來的。

都是小學教師的父母

郭維租的父親郭林田、母親郭陳爲治因爲接受了日據時代的師範教育，兩人都是社子公學校的教師，這樣的組合使郭家由「農」這個階層轉而進入「士」這個階層，由於父母都是小學教師，當然重視兒女的教育。

根據郭維租的記憶，祖父郭君侯雖然務農，但對漢學、藥草卻有一點研究，因爲輩分高，又有族長的風範，所以極受族人的尊敬，有如部落的長老。每逢初一、十五傍晚時分，郭姓親族都要準備酒菜、魚肉到大廳祭拜聖祖郭子儀？記得祭拜的時候，祖父、祖母口中總是唸唸有詞，祝禱族人平安。郭維租是長孫，「維租」這個名字也是祖父取的，後來母親又生下三個弟弟，四個妹妹（二妹在不到二歲時因急性肺炎不幸病逝），一家有七個孩子，母親爲了照顧這七個孩子，在生下第三個孩子時辭去了小學教師的工作。在家裡教授裁縫手藝、裁剪衣服，飼養家禽，增加收入，貼補家用，和教書的夫婿共同維持一家人的生活（後來多達十一口）。

坐船回唐山

祖父疼愛長孫，常常形影不離抱著他、背著他到處走動，因此受到小叔叔們的嫉妒。祖母是典型的家庭主婦，由於纏足，走路不太方便。祖父在郭維租，五、六歲的時候（一九二八），曾經坐船回去唐山，這一次的任務遠行是因爲郭姓「聖祖」像在長年累月的香火繚繞燻黑中變黑了，必須帶到廈門整容，細心裝上金鉑。郭維租回憶中記得父母親是這樣說的：「祖父坐著小帆船去的。這樣的航行要靠風向行駛，如果天候不順，帆船被吹往別處就麻煩了。」郭維租小時候經常看到淡水河上帆影點點，原來阿公是乘著帆船到廈門的。經過十幾天的時間，祖父帶著整容得煥然一新的聖祖佛像回來。小小年紀，還不懂事，聽阿公講到唐山那邊的事情，心裡感到很新奇。從這件事看來，當時廈門工匠的技術當然要比台北高明些，否則何必要冒著天候的危險渡海去整修聖祖肖像呢？

父親郭林田這一代，有四個兄弟，兩個妹妹，郭林田是長子，長孫郭維租懂事的時候，大家庭還生活在一起，吃飯也在一塊。兩個姑姑從小就送給人家做養女了，後來叔叔們陸續結婚成家，人口增加，才開始分開吃飯。

小學和公學校

父母當時都在社子公學校（現在社子國小、日據時代日本子弟讀小學、台灣子弟上「公學校」）教書，在那個時代能在教育界當「教員」是很受尊敬的。典禮時都要穿上鑲金線、戴上織有金線條帽子的制服，還有肩章、佩劍，看起來很威風神氣。郭維租追述父親師範畢業時，家裡的生活尙很淸苦，原來這樣一套制服，裁製起來價錢不低。竹圍內一族裡有一個人當了教員，這是莫大的光榮。這套制服竟是他要在故鄉的社子公學校赴任時族裡出錢訂製來爲郭林田先生祝賀的。後來這套制服的布質，時日久了，變得破舊不堪，只有那把佩劍保留下來，成爲傳給子孫的紀念品，郭維租笑著說：「這個傳家寶，我的孫子看了很喜歡，也許在他們幼小的心靈中還以爲曾祖父是馳騁沙場的將軍哩！」

母親郭陳爲治（台灣當時女人出嫁後照例都冠上夫姓）生下第三個孩子放棄了心愛的敎員工作，專心做一名家庭主婦。她以當時領到的慰勞金買下了三分地—這塊地後來成了郭維租家主要的財產。祖父雖然有一塊耕地，但由五個孩子平分，所剩無幾，郭家這三分地便由郭維租的三叔、四叔耕種，以當時大家族制度的風氣，似乎並不收取耕作租金。

由農到士

當時在社子公學校教書的父母親，十分重視兒女的教育，雖然由「農」轉而爲「士」，可是無論氣質、做事、待人處世，都保持著農人勤勉、務實的性格和草根性。公學校有實習農場，父親郭林田還擔任農場主任。當時從事教育工作，都很嚴格，老師斥責糾正學生是司空見慣的事。調皮頑劣的學生遠遠看到教師（日語稱「先生」）心裡沒有不肅然起敬，心存畏懼的。「先生」手裡經常拿著一支竹做的教鞭，授課時可以用來指示黑板的字，偶爾也會敲打一下桌子或黑板來提醒學生的注意，眞正用來體罰學生的機會倒是很少。一年四季經常看到大家克勤克儉地過著春耕、夏耘、秋收、冬藏的農家生活，耳濡目染，殊少看到好逸惡勞游手好閒的公子哥兒。當時沒有什麼農藥之類的東西，在農家裡長大，參加過生產行列的孩子，腦海裡清楚地牢記著飯碗中的每一顆米粒，從插秧到收成的全盤過程。農夫一大早就跪在水田裡插秧，在播種之前，先淹上田水，然後使用現在已經看不到的田具重新拖過，把田地上的「稻草頭」完全搗碎混合在泥土裡變成「肥料」。農事裡的每一樣工作都要在汗水和勞力中完成。他們不相信有天上掉下來的成果，卻堅信老天爺會賜福給勤勞工作的人。天災人禍雖然不能免，但是他(她)們堅守務實的信念，這是他們生活中足以信賴的憑藉。

一棟二層樓建築

郭維租一家人住在社子一棟當時不多見的二層樓建築，樓下是祖父、祖母的房子。廚房、餐廳在後面的平房，二樓房裡擺著一張老式的舊床。後來弟弟、妹妹出生，人口增加，便在木板上鋪上草蓆睡覺。小小房間裡，還擺著一架竹圍內僅有的一部裁縫機，這是郭維租的母親離開教書工作後十分重要的生活工具。其他便是衣櫥、簡單的書棚，書桌是郭維租上小學時二叔贈送的禮物。因爲父母親本來就從事教書工作，所以書棚上放有文學、偉人傳記、歷史故事等各種書籍。父母親看的書籍種類很廣泛，特別值得一提的，除了喜歡閱讀，這對夫婦有一個共同的嗜好——喜歡音樂、歌唱，這項興趣自然傳給他(她)們的七個兒女，大大影響了他們未來的生活。郭維租回憶說，自己從小就聽到父母親合唱「美麗的天然」、「故鄉」、「荒城之月」、「濱邊之歌」等日本民謠，因爲旋律優美，歌詞動人，這種初期的音樂教育陶冶，在幼小的心靈中烙下不可磨滅的記憶。兒時的社子，舉目都是綠野田疇，澄澈的淡水河、基隆河，嫵媚的觀音山，樂天知命的百姓，生活物質條件雖然不算富裕、舒適，但是心靈並沒有受到污染，甚至感到自己確實是生活在「美麗的天然」裡，歌詞裡描寫的社會，正是當年生活的寫照。

同樣出身社子，年紀大郭維租八歲的許燦煌博士(一九一四～一九九五)在他的自敍傳《鴻爪展印》中曾有這樣的描述：「我還有一項工作是跑到基隆河邊掏撿『水流炭』，這東西早已成爲台灣庶民生活中的歷史名詞。原來在基隆河上游是產炭的地方，雖然炭層含量豐富，卻夾雜著土層。炭工們便利用基隆河水，拿篩子在河水中搖洗，挑撿炭塊出售，而洗篩炭塊時漂失的細塵炭粒順著河水流向大海，於是路經淡水河時日積月累在河底積了層層細炭，我們便在河邊撈取這些細炭，晒乾後這些細炭燒起來火力也很旺盛，可以說是一種免費的自然資源。……」這段文字也生動地反映了當時庶民生活淸苦的一斑。

家裡自己栽種的各類蔬菜，大體上可以自給自足。叔叔們也一樣，就是不種田的人也自闢小菜圃(因爲多的是小空地！)。房屋後面有豬舍，養著母豬，生下小豬，大多賣出去自己留下幾隻，養大了再賣。屋舍邊也養幾隻雞，但是三餐的食物，仍以蔬菜爲主。除了有貴賓、長輩光臨，難得有機會可以大快朵頤。郭維租帶著甜蜜的回憶說：「我母親生在大橋頭陳家，後來給了隔鄰部落郭家當童養媳，他們一家人很疼愛她，才會給女孩子接受教育。外公家住在淡水河邊，靠捕魚爲生。」

貪吃的長孫

「我小時候常到外公婆家玩，有一次外媽給我一隻滷得很香、很脆、很好吃的雞腿，我吃了以後，意猶未盡，還纏著阿媽說：『阿媽，雞不是應該有兩隻腿嗎？』從這裡可以看出，當時農村的孩子除非過年過節，是很少有機會吃到雞肉的。後來家人常常重敍這個故事來嘲笑我這個從小就很貪吃的長孫……這種新鮮事是只要進入麥當勞就可以吃到炸雞的新人類感到不可思議的。

等到後來進入二次大戰時代，生活就更艱苦了。肉類要偸買鴨米（黑市），而且不是普通人家買得起的。連小魚干、竹筍、芋頭也要一路迢迢，翻山越嶺從金山（舊名金包李）摸黑、躲警察，翻過磺嘴尖，披草分茅，偸點磺火（電石燈），直下大嶺卡，沿石梯嶺頂山踅下內雙溪，挑到士林菜市場來賣的時候，已經耗費二天二夜的山路跋涉！孩子們如果能吃到一小塊豬油漬在白飯裡，沾幾滴醬油那已經是山珍海味的佳餚啦！」

每一宗族自成一庄

社子島居民與淡水河沿岸如大龍峒、大稻埕、萬華等地一樣，都由福建泉州遷徙而來。大都保持這種村落式的聚集。每一宗族自成一「庄」，每一庄都由肉厚、節有刺、高可數丈的刺竹叢，圍成防衛的藩籬，稱為「竹圍」。有些地方也有數個竹圍形成一庄的，當然同一竹圍也有數個宗族組成的。每一個家族都有三合院的建築，也有數棟房屋連成的長型建築，而且設有屋脊較高的公廳，提供宗族祭祀、婚喪或議事之用。當時建築物以稻草摻和泥土的土磚厝為多，但因社子每有颱風就會淹水，建築多改為煉瓦造的。也有木板或竹條編成塗以泥巴為牆的房子。郭維租家雖然只有一間二樓的水泥建築已屬特殊而罕見的了。當時因為還沒有電燈，入晚周遭一片漆黑，感覺很不方便，大約郭維租進入公學校前後，才有電燈這個東西。遇有外出，就提著由玻璃瓶子做成的煤油燈，晚餐後稍做納涼、休息就上床就寢。隔天一大早就迎著晨光開始一天的工作。由竹林圍著的蔭涼處是夏天納涼的好地方。地上擺著長椅或鋪上竹蓆，飯後親友常常坐在那裡聊天，空氣清澄，天上繁星閃爍，眞是一幅「田家樂」的景象。

堂哥郭萬壹

當時親族裡的堂哥郭萬壹，大他十幾歲，在狀元學校台北高校就讀（堂哥是該校第四屆畢業生，日後郭維租也成爲台北高校第十五屆畢業生），正努力準備到日本攻讀醫科，每天都在屋子裡或在外面苦讀。當時社子還沒電燈，只好用石油燈，上面罩著玻璃蓋，很快就被薰黑了，要把罩子拿起來，等熱度冷卻了，用紙把罩子揩拭乾淨，這段幾分鐘的空檔便是休息時間。用功苦讀的堂哥，與在院子裡聊天的親友盡量保持一段距離，避開他們的干擾。郭維租這一族是郭家最小的第七房，村裡共有一百多人，大部分務農爲生，有兩家在淡水河划船爲生，郭維租的父母擔任小學教員。堂哥就讀當時很難考進去的「台北高校」（校址是現在和平東路國立師範大學），算是親族中學歷最高，最傑出的了。

郭維租進入公學校讀書前後，常常在前庭聽隔壁一個跛腳伯伯說故事。這個說話有點口吃，好像不太識字的有福伯，記憶中好像沒有看過他在看書，卻滿腦子都是好聽的故事。他和一些小孩子，常常坐在竹蓆上聽老伯伯「講古」。什麼臭頭洪武君（後來才知道是明朝開國皇帝朱元璋）、薛仁貴征東、唐朝李世民等等歷史故事，有趣的人情世事……都是從這個老伯伯那裡聽來的，說起來這個奇妙的鄰居伯伯才是郭維租的啓蒙老師呢！

河邊浣衣

郭維租的童年時代，物質的生活條件還是很差，做飯時以生煤或稻草爲燃料。用大灶煮飯，燒石炭、稻草，黑煙多，不多久煙囪便堵塞不通了。郭維租因爲是家裡的長孫手腳又很敏捷，所以上屋頂通煙囱便成爲他包辦的工作了。社子島居民，日常用水的使用，臨河而居的人家，多半就地取河水而用。離河較遠的，則鑿井爲飲。臨河較遠的前郭、後郭，因爲井水爲硬水，肥皂不起清潔作用，必須到田間水圳，或走到河邊浣洗。夏天情形還好，如果碰上冷冽的冬日，剛好水圳無水（水圳給水須配合潮汐與農作）只好提著一大籃全家換洗的衣物，頂著冷颼颼的寒風，氣喘吁吁的走到淡水河渡船頭，面向陰霾的冷天，灰濁濁的河水，彎身在碼頭的水泥台上搗打衣服，而這時陸續已站滿一長排浣洗衣物的婦人，還沒開始搗打暖身以前，兩排不聽使喚的牙齒，早已上下喀喀作響起來。這種河邊浣衣的景象戰後有幾年還能看到呢！他家的衣服一向由住在河邊的阿姨幫忙洗的。她老人家現已九十高齡，這幾年血壓高，每個月都會來郭維租的「大同博愛診所」看病拿藥呢！

四、在教育中成長

這奇妙的師生緣，年齡上仿若兄弟的情分，踰越了戰爭、種族、國界、時空，經過歲月的沈澱，歷久不變。藤原老師年輕時代在教育園圃播下的種籽，並沒有白白落空。

郭維租出生在社子島，從地理位置上看是在島中央稍偏向士林這邊，一條大路通到東邊士林，一條通到南邊大龍峒，一條通到西北，直達淡水、基隆河下游的匯合處，可以清晰的看到觀音山麓的獅仔頭。

至於郭家的村落，還要分成「前郭」、「後郭」，推究起來，由福建泉州遷居而來的祖先，心裡老是惦記著從大陸遷來，那麼靠西邊唐山就算「前郭」。隔著大馬路另一頭郭家的部落，稱為「後郭」，郭維租這一族屬於「前郭」。

社子公學校

一九二九年（七歲）這個郭家的長孫進入父、母親執教的社子公學校就讀。學校位於社子島中央稍靠西邊的地方，從住家走路只要十幾分鐘的路程。當時另有一所分校（稱分教場）位於鄰近觀音山那邊的方向，要去分校就得走半個鐘頭的光景。當時社會不景氣，學生的交通工具當然是步行，而且一個班級裡五分之四以上都是赤腳大仙，少數學生穿運動鞋。拜父母親都是公學校教員之賜，郭維租記憶中從小就穿運動鞋。全校只有一、二個有錢人富家子弟是騎自行車上學的，當然成為全校學生羨慕的對象。

進入社子公學校就讀的郭維租開始了他愉快的學習生活。每天早上七時就到校參加早自習，七點半舉行朝會、升旗。早操做完了，還有校長訓話，內容不外乎是「忠君愛國」、「做一個順良、守法的好國民」、「品行兼優的學生」之類的訓話，有時也會提到日本皇室的動態，以提高學生的向心力，校長訓話的時候，全校師生都要肅立、洗耳恭聽。

每逢國家紀念日，都要在大禮堂舉行隆重儀式，由校長親自主持典禮，教務主任恭恭敬敬捧著「教育勅語」進場。老師們都盛裝參加典禮，儀式以唱國歌開始，並向「御眞影」（天皇、皇后玉照）致最敬禮，接著由校長捧讀「教育勅語」。全校師生立正恭聽。接下來唱那一天特定的歌，例如「建國紀念日之歌」、「明治大帝讚歌」等等，然後由校長訓話或解說。

公學校一、二年級的主任是台籍老師，教學相當嚴格，上課大多由主任擔任，課程有國語、算術、修身（課程重點猶如今天之公民、生活禮儀指導等）、習字、圖畫、音樂、體操、農業等，當時學校也聘請台籍臨時教員教授一些漢文。主任老師有如全能，要教這麼多的課程，有些科目也偶爾請學有專長的科任教員擔任，譬如圖畫由一位台籍李活路老師擔任，農業由父親郭林田擔任，音樂也是一位台籍陳玿光老師，這位音樂老師後來調升大龍峒、大橋等國小校長。郭維租由日本學醫回來，成為這位校長一家大小的家庭醫師，現在陳校長的孫子也出現一個醫生，目前在台北國泰醫院耳鼻喉科服務。

進入社子公學校讀書的郭維租，沒有讓都在小學擔任教員的父母失望，從公學校一年級開始，成績始終保持第一名，一直都擔任級長（班長），學校教員的組成大概台灣人有一半，其他一半是日籍老師，教學都很認眞，郭維租六年當中，一、二年級的級任導師是台籍，四—六年級都由日籍老師擔任。他升上四年級時級任導師由荒金校長兼任，是一位寬猛並濟的教育家。一九七〇年郭維租有機會重遊日本，他想拜望他老人家，可惜找到恩師家時，出來的竟是昔日恩師的公子，他黯然地說：「家父不幸在去年過世了，謝謝您遠道來拜訪……。」光陰飛逝，昔日受教於恩師時，郭維租還是十一歲的少年，那年重遊戰後的日本，已經是四十八歲的中年醫生，難怪恩師已經活了高壽，先走一步了。

級任導師藤原先生

這裡特別要提到的是他五、六年級的級任導師藤原先生。（日據時代公學校五、六年老師大抵都保留給日籍教師擔任）這位日本敎師當時剛從師範學校畢業不久，住在學校的單身宿舍。藤原老師滿懷教育的熱忱，對功課表現突出，音樂、運動、勞作都很擅長的學生，也就格外注意關照。郭維租的父親是同事又是長輩，也是社子公學校唯一要報考中學的學生，順理成章的，郭維租就成爲藤原老師在台灣教書生涯中一個最佳的實驗產品。每天下課後，這位年輕充滿理想、教育熱忱的老師，還分文不取，義務替他補習。國語、算術方面還特地到台北替他找了一些補充教材。藤原老師不但在功課方面這樣熱心指導他，每一次到他的單身宿舍去，藤原老師還細心指點介紹日本人的禮儀、應對進退，與生活習尙必須注意的細節。連榻榻米上的敬禮，日本人打招呼的禮儀等等也都一一指導。郭維租說自己第一次到士林品嘗了色香味俱全的日本家庭料理，也是這位恩師掏腰包請客的。

無聲默片

藤原先生還帶他觀賞了平生第一場「映畫」（活動寫眞，就是現在的電影），當然是黑白片，而且是無聲默片，由「辯士」坐在舞台邊一張小桌前，扭亮小檯燈，通過不太靈光的麥克風，加油添醋地進行解說劇情，幼小心靈感受的那種驚奇和興奮到現在仍然歷歷如繪留在心坎裡。

早期電影都是默片，日本國內本土先有辯士這個行業，須經過政府考試，領到一張及格執照，才准許在各地電影院擔任此職，台灣早期電影也一樣，日據時代擔任電影情節說明的辯士，也須經過台灣總督府許可考試及格，領到辯士執照，才能擔任這個工作，電影放映師的過程也是如此。這種情形到戰後五十年代的初期逐漸結束。現代的年輕一代看慣聲、光、化、電、特殊效果奇妙的電影，向他們描述這種情形，簡直有如天方夜譚，感到十分新奇。

筆者出生的故鄉士林鎮，和社子只有一座吊橋之隔。早期社子公學校要考進台灣子弟菁英薈萃的台北二中(現在成功中學)可以說萬分艱難。就這點我和郭維租談起他的啓蒙教育和往事時，他滿懷感激地說：「我雖然進入公學校，成績始終名列前茅，但是當時的社子島和台北市近郊比起來還是比較保守、偏僻落後。藤原老師擔心我的程度無法和他們競爭，所以不敢掉以輕心，課外替我加工。如果人生的第一個驛站，我做了充分的準備，無疑的，藤原老師是塑造我雛型過程裡一個決定性的人，在當時社子公學校兩班畢業生中我是唯一的報考生。考上當時北部本省菁英的搖籃，以後，我一路在考場上過關斬將節節勝利。但是在我的內心深處，我一直牢記著這位恩師。戰爭期間和老師的聯繫一度中斷。後來我到日本學醫，戰爭結束，回到台灣再度和藤原老師取得連絡。爾後藤原老師返回日本，有很長一段時間，身體始終不很好，經過長期的調養才慢慢復原。」

難忘師恩

戰後郭維租重遊日本時，曾兩次登門拜訪這位恩師。一次是一九七〇年，一次是一九九一年——這兩次的見面，藤原老師看到這個昔日受教於他時只是一個十二、三歲的少年，後來成爲日本東京帝大醫學部的畢業生，一個懸壺濟世的醫生，老師興奮地握緊他的手，對這個早期調教的得意門生，他顯然難掩心中的激動。

這奇妙的師生緣，年齡上仿若兄弟的情分，踰越了戰爭、種族國界、時空，經過歲月的沈澱歷久不變。藤原老師年輕時代在教育園圃播下的種籽，並沒有白白落空。

一九九一年秋，他見到日趨老邁的恩師，心裡有萬般感觸。翌年初春，接到師母的來信，心裡有一種不幸的預感，打開信紙，上面赫然寫著：『藤原老師因急性肺炎猝然病逝，享年八十歲。』那一次的見面，成爲他們師生最後一次聚晤……。

藤原老師來台灣教他的時候，年紀只有二十三歲，當時在台灣教書的日籍老師有七成的「外地加俸」又配有宿舍，顯然是「一等國民」。同樣教書的本地教員，當然沒有這些優待。當年社子島每年颱風常會淹水，宿舍地板往往要加高五尺左右。最小的宿舍也有兩間八疊大的房子，算是很不錯的。藤原老師當時單身，就配了一個這樣的房子，有一個同班的工讀生替他炊煮。有一段時間，藤原老師都走路到士林一家相當家庭式的飯館吃晚飯，單程就要走半個小時光景，也算是很好的散步、運動。

進入「電氣」時代

一九二九年，郭維租進小學前後，社子島邁入「電氣」時代，終於有電燈了（台北市可能早幾年就有了）。看到一批工人，在路上豎立電柱、牽電線，再接到每一家前面。入晚，電燈亮了，房間有如白晝，那種感覺眞新奇。發明大王愛迪生一千多種專利發明中，這項試驗一千多次才成功的發明，眞是石破天驚，改變人類文明面貌的大貢獻。把一天二十四小時都保持在能見度一如白晝的燈光下，不知節省了多少人力、物力，增加了多少工作量，延長了多少時間，並且凝聚了人類的智慧、創造更多更廣的空間，這是後代子孫最應感謝的神奇發明！

一九三二年，日本據台第三十七年，郭維租就讀公學校四年級，當時日本的「行政中心」設於台北。為了鞏固統治權力，重要行政與金融機構相繼建造於城內（現今城中區）。由於統治者蓄意分割，日人多盤據「城內」。以城門為界的「城外」的「大稻埕」（今延平、建成及大同區部分）和萬華是台灣同胞生活的地盤。

第一家百貨公司

這一年台北市人口統計為二十八萬一千八百五十二人，這個大都會等於是全省行政、商業活動中心。城內第一大街為「榮町」，南北為萬華和大稻埕。一九三二年十一月八日，台灣第一家百貨公司——「菊元百貨店」落成，這家當年費時四年座落於今天衡陽路（榮町）的七層鋼筋水泥建築，可以說傲視全台，在商業大樓中首屈一指。數年後台南的「林百貨店」、高雄的「吉井百貨」踵繼其後紛紛落成。小學時郭維租到台北參觀「菊元百貨」開幕，對於這座和「台灣總督府」（今總統府）同屬七層樓建築的「龐然巨物」，心裡感到萬分新奇，這家菊元百貨當然屬於日本人的產業，這家百貨公司設有台灣第一部商用電梯（台語稱「流籠」）。這也是顧客，孩子們喜歡進去開開眼界的原因。七層樓擁有電梯的百貨公司，對於一個小學生，那感覺有如看紐約一百多層的摩天大樓呢！

埋下學醫的心願

就讀小學期間，郭維租每天過著快樂的學習生活，弟弟、妹妹陸續降生，母親在生下第三個孩子後辭掉教書工作。他下面有三個弟弟，四個妹妹。其中二妹，在一歲多的時候，不幸罹患肺炎不治死亡。這個妹妹可愛的模樣，久久留在他的腦海裡無法忘懷。這個痛苦的記憶，使他埋下將來要學醫救人的種籽。這也促使他在小學時代就常常開始思索生、死的問題。

談到童年時代，郭維租很親切地回想起和弟妹成長的情景：「父母親很注重孩子們的教育，但也儘量讓我們接近大自然。我常常幫父親整理菜圃、撒種、灌溉，也常到河邊散步。暑假父親也常帶我們登山、釣魚、捕蟬、泡溫泉。我之後的三個弟弟，二弟、三弟在商業方面發展，四弟台大物理系畢業，後來赴美留學取得博士學位，現任國立彰化師範大學自然科學教育學院院長。前幾年慶祝社子國小創校八十周年，紀念冊中七位傑出校友中，郭家佔了三位，社子島出身的大學生，堂哥郭萬壹是第一位，許燦煌醫師名列第二，我是第三位。

前面提過大我十幾歲的堂哥郭萬壹是我心目中的好榜樣，他當時已經先後從台北二中、台北高校完成學業，準備到日本去學醫。當時台北帝大（今台灣大學）尚未設立醫學院，只有台灣醫專，是中學五年畢業後報考的。台北高校相當於大學預科，是全省各地中學菁英薈萃的學園。考上以後分理甲、理乙、文甲、文乙攻讀三年，再進入大學研讀各種不同的科系。

堂哥走的路，幾乎就是我後來的軌跡，不同的是他考進長崎醫科大學醫科，我後來考進東京帝大醫學部，八十六歲的堂哥，如今是長崎當地一所私立醫院的院長，醫院設備嶄新、完整，有將近一千個病床，年前我和內人去該地訪問，發現醫院設備CT（電腦斷層X光機）早就有了，MRI（磁氣共震映像機）也是僅次於他母校長崎醫大第二架設備新儀器，看到堂哥還是很硬朗而有活力地工作著，心裡很爲他高興。」

第一個驛站

「如果小學時代可以稱爲人生旅途上的第一個驛站，接受了教育以後，很多事情經過觀察，也會想到一些問題。因爲當時的交通工具還很落後，很多人用的還是步行走路，既費時又耗力效率低。就讀台北高校時開始騎自行車，輕便快速，常常心裡想，人類假如多用腦筋，發展科技，生活應該可以大大獲得改善。

每天快快樂樂地上課，和同伴遊玩，回來也幫媽媽做些家事。打水比較粗重的活兒，大多是叔叔們代勞。我會幫忙用小灶起火，煮一些菜類。媽媽因為受過教育，腦筋開明，除了一般蔬菜，偶爾也煮一些海帶、牛蒡、馬鈴薯等等有營養而比較少吃到的菜。我常跑到『後郭』小店鋪買些油、糖、花生等日常用品。記得有一次在路上就想過一個問題，如果萬一不小心，裝砂糖的紙袋破了，掉在地上的砂糖怎麼回收呢？這樣平白丟掉豈不可惜？長大些，我自己想出了一個方法，可以把土砂一起用水溶化，濾掉土砂，把糖水濃縮，這些砂糖不就可以回收了嗎？

當時洗澡燒熱水，也相當費事。普通人家一星期洗一次澡就很不錯了。我家大約兩三天洗一次澡，並且用日式浴桶（風呂），父母親很重視兒女生活和衛生習慣，總是要求我們兄弟姊妹注意身心方面的健康。」

郭維租就這樣在他的故鄉，父親執教的社子公學校，以全校第一名的優異成績畢業，不負家人和藤原老師的期望進入台灣子弟菁英集中的學校——台北州立第二中學。

五、唯一的錄取生

台北二中創立於一九二二年，最初校址在萬華祖師廟，過三年遷來戰後改爲濟南路的現址，這所校史已七十多年的中學培育了不少傑出的子弟。……

一九三五年社子公學校畢業的兩班學生中，郭維祖是唯一的報考生，結果金榜題名，所以也算是百分之百錄取率，這個消息大大轟動了社子島，因爲出了一個狀元，喧騰一時。當時中學是五年一貫制。

兒時就有來往的「後郭」，郭志仁、郭志賜兄弟算是和他同輩。其中郭志賜在台北二中高他一屆，是他的學長。上學時兩人一起走路，坐渡船過基隆河到士林，大約費時四十五分鐘左右，然後乘火車（不久就有兩節聯併的柴油車）約二十分鐘到大正街（現在長安西路口），再走二十分鐘抵達台北二中（現在濟南路的成功中學）。每天從家門到學校，大概單程就要花費一個半小時。

台北二中

當時台北有三所男子中學，台灣子弟多半進入台北二中，內地人（日本人）多半集中在台北一中（現在建國中學）和台北三中（現在師大附中）。其實當時的台北二中大約有兩成的日本籍子弟，老師幾乎清一色是日本人，印象中只有一位教代數的本省老師。

台北二中創立於一九二二年（郭維祖出生那一年）最初校址在萬華祖師廟，第三年遷來濟南路，戰後改爲「成功中學」(原設初中部、高中部，現專收高中生)，這所校史有七十多年的著名中學培育了很多才俊之士。創校首任校長河瀨半四郎先生，是一個學識品德俱受尊崇的教育家，他本身沒有種族的歧見，有教無類，平時強調「智仁勇」、「質實剛健」的培養和陶冶。當時聘請的師資，陣容堪稱一流。對功課的要求、各項運動、游泳足球、劍道、田徑都相當注重。到戰後初期，中學的足球風氣一直很盛，實力都居幾個男校中學之冠。舉行典禮的大禮堂，正面兩側寫著大學者朱熹所寫的「忠」、「孝」兩個大字，筆力蒼勁，令人印象深刻難忘。學校校風樸實，校長很注意內地人和本地人相處的和睦。進入這學校就讀沒有受歧視或排斥，因爲台灣子弟佔了八成，更不會有陌生，格格不入的感覺。

倒是第一年考進台北二中，他還是十三歲的鄉下孩子，個子比較小。開始和都市孩子接觸時，不免有些自卑，看到城市的房子，櫛比鱗次，都是二、三層樓的水泥建築，比起鄉下那些平房和土确厝眞是氣派多了。看到都市人在街上昂首闊步，心理上覺得彷彿比他們矮了半截，所幸在學校裡每一樣功課，他並不輸城市來的孩子，這倒建立了自信心。

中學五年，他只唸四年，在此期間，他讀書專心，每一門課都不敢鬆懈。他習慣對每一門課都先做預習，老師上課要講的內容，心裡已經有了底，關鍵所在都能掌握，有問題的癥結格外留心，疑難課後整理時大體能獲得解決。如果還有問題，下課後向老師請教採取「速戰速決」、「絕不拖延」的戰術。在家裡父親有時會幫他記下各科的要點。

奇妙的理化課

中學二年級，他偏愛理科的傾向已經愈來愈清楚。數學、生物的成績不錯，理化自然科學的領域，更激發了他求知慾和旺盛的好奇心。郭維租很清晰地記得上第一堂理化課的情景。理化老師談到宇宙間萬事萬物都有一定的律則，假如人類能善用科技，開拓地球的資源，人類的未來一定有更美好的遠景。談到電，燈光亮了一下又滅了。比較偏僻的故鄉，前幾年才有了電氣設備，但是早期的電燈，開關都附在電燈上，像實驗室或牆壁的開關是第一次見識到的，他不禁睜大眼睛，好奇地凝視著。

是啊，郭維租的腦海裡一直想著老師說過的話，世界是奇妙的，自然界的現象變動不居，但卻有其一定的律則。人類與萬物賴以生存的空氣，由一定比例的 O_2 和

N_2組成。東西要燃燒時又恰恰好。O_2太多太少都不方便。水在攝氏0度時凝結成冰，100度時會沸騰，而在4度時密度最大，每到寒冷的冬天，湖水或河川上面會結冰，下面有魚和其他水中生物還能生存，把雪壓縮就會溶化，可以滑雪……這是何等奇妙！

記得有一次，理化課上到氣體的溫度和體積時，老師問全班的同學。「爲什麼大氣的溫度升高，氣壓會減少？譬如這桌子上的空氣溫度升高，體積膨脹，往上面膨脹，不是同數的分子，同樣的重量嗎？」聽到這個問題，全班同學頓時鴉雀無聲。郭維租想了一下這樣回答老師：「膨脹是往四面八方，所以這桌子上的空氣分子會減少，氣壓就降低了。」老師看看坐在座位的郭維租，對班上同學說：「這個同學有科學頭腦！」

絃外之音

一九三七年，升上中學三年級的暑假（那時中學暑假是七月十一日到八月底），七月七日發生了盧溝橋事變，中日戰爭全面展開。他雖然只是一個中學生，就讀社子公學校時，郭維租已經聽到一些霧社事件、滿洲事變的時事，儘管對全盤的眞相無法了解，但是也開始會去想一些道理。現在是中學生了，對日本攻打另一個國家的領土，美其名說是「爲東洋和平而戰」、「替天行道」，心裡覺得怪怪的。用精良武器鎭壓山地同胞，卻有堂皇的說詞，難道世界上只有日本的國家和民族存在，沒有其他國家或其他民族存在的價値嗎？一個國家有權侵略鄰國，殺害別國的百姓嗎？

有一次上地理課時，一位日籍老師指著東亞的地圖，很巧妙地做了如下的分析：「各位同學，看看這張地圖，就可以知道日本爲什麼要『進出大陸』，日本版圖這麼小，像前幾年，碰到寒災的侵襲，百物凍死，接著又是旱災，日子怎麼過呢？當然要想辦法才行，你們看，滿洲(指東北)幅地這麼遼闊，離日本又這麼近，所以就有許多有心人主張去『開發』了！」

聽到這樣的告白，只要稍稍用腦筋去想一想，就能聽出絃外之音了。

時局緊張

記得升上中學四年級(一九三八年)，在戰爭擴大，時局緊張的威脅下，台北二中的學生常常一大清早四點，天還沒亮，就要在學校集合。整隊前往現在林森北路、濟南路附近，在這裡等待歡送即將奔赴前線的軍隊。這些行將遠征前線的士兵，是清晨五點就從現在的中正紀念堂(愛國西路附近)的軍營列隊出發，經過這裡接受他們這些中學生的歡送。然後到火車站坐車送往前線作戰。在報紙上偶爾有零星的報導，說上海郊外正在展開激烈的攻防戰。看到這些整裝出發的士兵，他們漸漸遠去的身影，郭維租的心裡禁不住忖思，這些青年人到戰場上投入戰火中，會殺害多少無辜的百姓？這些人當中有多少能活著回來呢？他心裡覺得惆悵和感傷。這種歡送軍隊赴前線的通知，愈來愈頻繁，所以只要學校通知有列隊歡送的差事，就得提前一天去打擾堂哥郭萬壹。這時堂哥已從日本長崎醫大學成回台在大橋開業行醫。不然便去住在雙連車站旁的園仔伯家，淸晨三點摸黑起來，走到台北二中，參加送行的行列……。

記憶中，掀開中日戰爭序幕初期，日本不時要炫耀強大的軍力，曾派遣一支海軍艦隊訪問台灣北部，民衆夾道歡迎軍容盛大的無敵艦隊將兵車隊。有一艘航空母艦，帶著飛機大隊從北到南，凌空飛行，遍訪大小鄉鎭展現軍威。同學從教室跑到操場，揮手歡呼。天空上出現了三架、九架……等大小編隊的各種飛機，這是他第一次看到這麼壯大的飛行大隊，相當壯觀。回到教室，老師曾問同學，一共有幾架飛機，郭維租舉手答說：「五十六架。」爲此，老師還誇讚他細心沈著和腦筋精密。

台北二中的歲月，就在戰爭陰影愈來愈濃密，學習生活愈來愈緊張的情況下度過。他知道功課的疑惑可以解決，但是國與國之間紛爭的疑團暫時無法解開，他只是在腦海裡回想、分析，卻從來不以這些問題爲難老師。

跳過一年考入台北高校

四年級(一九三七年)快結束時，郭維租和五年級畢業生一起，參加模擬考試。當時每年級各有三班，在全部六班，將近三百名考生中，郭維租名列第二名，在全校四年級生中名列榜首。因爲這項記錄，教課的幾位老師公開說，四年級生投考台北高校。郭維租同學是沒有問題可以過關的，其他同學還要加油。

模擬考試和老師們的預計果然不錯，後來投考台北高校，四年級名列金榜的考生只有郭維租一人而已。

台北二中高他一屆的同鄉郭志賜，上中學時經常結伴同行。他後來也去日本留學，就讀大阪藥專。返台後在馬偕醫院擔任藥局主任，後來創立「台灣大塚製藥公司」，如今還是台灣享盛名的點滴製品公司。郭志仁曾任教會長老，也是馬偕醫院和私立淡水工商管理專校董事，二十多年來郭維租和夫人王彩雲醫師也是這所專校(現改為淡水學院)創校以來的校醫。

十幾年前，有一位當年在台北二中教國文(日語)的日本人都留老師，重遊台灣。這位已經七十多歲的教師，竟然還記得有一個姓郭的同學，功課很好，而且很用功。這位老師向同學打聽這位郭同學後來怎麼樣啦?同學們告訴他：「這位郭維租同學，後來考進台北高校，並且到日本留學，在東京帝大醫學部畢業。戰後回台大醫院服務，如今在台北開業行醫。」幾天後，在台北召開的同學會上，這位老師一見面，就認出了郭維租。並且表示很高興，看到自己教出的學生有了美好的成就，難掩心中興奮之情。經過了五十多年的時光，相隔遙遠的時空，無法改變的是這一段眞摯的師生情分……。

創校七十多年的台北二中，戰後改名成功中學，這所日據時代創立的中學，戰後經過一段「初中三年、高中三年」的完整中學六年制的歲月。在義務教育延長為九年，「初中」改制為「國中」之後；全國許多中學升格專辦高中，台北幾個有名的中學，戰後易名的建國中學、師大附中、成功中學、台北一女中、中山女高…就專收高中學生了。也許因為日本據台五十年這段教育政策的傳統或蛻變，台北二中、台中一中、台南一中這些校史悠久，本省子弟薈萃的著名中學，不但培植了許多秀異的子弟，顯然優秀的功課之外，伴隨一種政治傳統氣息的印記，彷彿也如影相隨，因此在政治體制更易，戰後白色恐怖時代中，這些校友投身政治活動而受牽累，繫獄和犧牲的比例也遠比其他學校爲高，這個現象只要稍加調查統計即可得到鮮明的佐證。

五年前成功中學于維魯校長印行《校史資料彙編》特刊，歷屆傑出校友，僅就醫學界而論，就有張家來、潘以宏、陳金塗、許燦煌、吳振蘭、郭金塔、林千種，陳炯霖、許成仁、陳萬裕、郭維租、楊照雄、李悌元、楊坤河、吳建堂、陳源平、張學賢、楊振忠、陳芳武、柯賢忠……

原本五年制的中學，郭維租只唸了四年，便以優異的成績提前考入當時全省學子欽羨的學園，素有「狀元學校」美稱的台北高校，又向日後他所要攻讀的醫學院向前邁進了一大步。

他專心學習，一邊也相當關心時事，活在戰亂歲月的青年，要比承平時代的環境成長的孩子，更早認識人生的憂患、生死和靈魂的歸屬。何況郭維租本來就很敏感好學，除了學校課程的研讀、台北二中對運動的要求也相當嚴格。譬如體育課裡的游泳是台北二中學生必經的訓練，學會游泳和後來的一次海難重獲新生有莫大的關聯。當然深諳水性、泳術高強而葬身海中的朋友也有好幾位，可是如果沒有學會游泳，郭維租生還的機會恐怕微乎其微。在茫茫大海中縱然有救生圈，他的得救還是有如奇蹟。他認爲這是神的旨意，上帝選擇他以一個「草地醫生」服務社會，爲祂做工……。這段重生的驚險經歷，要在另一章裡來記敍。

這時郭維租十六歲了，個子也長高了，隨著心智的成熟，他漸漸能從時局的報導裡，找到一些來龍去脈。所謂「大東亞共榮圈」其實是軍國主義的野心家，藉著欺騙的技倆作爲煙幕，遂行其侵略者的狂想曲罷了。

他走向自然科學的路，愈來愈清楚。二妹不幸罹患肺炎病逝，二妹的可愛模樣，彷彿清晰的影片，不時會浮上他的腦海，想要學醫的意念更堅定了。

人生的道路，有時像一個孩子用小木棒，不經意地在地上劃著劃著。起初只有模糊的線條，後來具體的輪廓出現了。原來那看來似乎無心的線條，有幾筆卻帶著命定的因素。無論這個媒介是由於偶然或宿命的意味，有時它顯示一種執拗、無可違抗的使命。日後成爲虔誠基督徒的郭維租把它歸因於神的呼召，他在身心方面經歷了重大的試煉，很確切地接受了上帝的差遣。

郭維租在得救五十年後走過來的悲歡歲月中，以看來平凡其實不平凡的生涯印證了這個眞理。

青少年時代的郭維租，在父母、師長、同學的心目中是一個乖巧聰明，功課很好的孩子，在求學過程中慢慢塑造成形的他，即將踏入大學預科——台北高校的門檻，展開他另一段準備的階段，三年台北高校生活又在心靈的湖泊投下石子，激起了一些漣漪，誰能知道就要翻開的人生新頁呢？

六、台北高校

台北高校也創立於一九二二年，是模仿德國教育制度，相當於大學預科，先設尋常科(唸四年)，後設高等科(唸三年)分爲文理兩科。想要考入這所狀元學校，其難度遠超過進入一所普通的大學，能夠躍入龍門的個個都是分別來自全島有名中學的菁英……。

日本明治維新到二次大戰前，無論科學、經濟、政治、教育和各種不同領域，顯然都以德國爲學習效法的鵠的。在日本本土和它統治的台灣，就學制來看，也是傾向德國派的。醫學院、理工科在學校主修德文(不像戰後轉向主修英文)從而吸取德國的科技。因此不但日本本土採用小學六年制，中學五年制，高校三年制，大學三年制(醫學部四年制)的教育體制，同樣這項學制也搬到處於殖民地地位的台灣來如法炮製。

這所有名的高校全名：「台灣總督府高等學校」，簡稱「台北高校」，創立於一九二二年四月。一九二六年正式搬入「古亭町」的校舍上課——這個校址就是現在和平東路的國立師範大學，戰後台灣培育中學師資的搖籃。前面我們已經約略提過，日據時代，本島人(台灣人)在接受教育上受到歧視。以初等教育而言，日本子弟就讀「小學校」，台灣人讀「公學校」，原住民(當時稱高砂族)唸「日語傳習所」，一開始就劃下了鮮明的差距。至於中學教育之創立推展，原先也以「內地人」(在台灣之日本人)子弟爲招收對象，本島人(台灣人)本來在擯除之列。後來日人認爲在台灣施行長期的殖民經濟體制，主要在榨取台灣資源。但如果能培育台灣本土某些領域的人才，不必全部仰賴日本技術、人力的長期支援，源源不斷吸取台灣在物質、資源的供應，更是如意算盤。基於這種需求乃有師範教育、農業教育、實業教育、專科教育(醫學校)之興辦，並准許開放台灣子弟入學。

一九二二年日本政府重新公布(台灣教育令)，實行日本台灣子弟之共學制度、取消行之多年的日、台人的歧視及隔離教育。雖然在學生名額的分配上仍然多所限制，並可看出日本人佔有優勢的支配地位，不過總算比以往略有改善。

「台北高校」之創立也在這一年(一九二二年)，「高等學校」其實也是學習德國學制，相當於大學預備教育機構先設尋常科，修業年限四年，其後設立高等科，分爲文理兩科，各有甲、乙兩類，修業年限三年，學生畢業後，可升入台北帝國大學(今台灣大學)或日本國內各大學。

學風自由開放的台北高校

想要考入這所台灣全省中學菁英角逐的學園，其難度遠超過進入一所普通的大學。能夠躍入龍門的都是下列有名的中學：北一中、北二中、南一中、南二中、中一中、竹中、嘉中、雄中……等。一九二八年三月十五日第一屆畢業生只有四名台籍畢業生：徐慶鐘、黃春木、蔡雨澤、劉興文。這四位台籍畢業生中，徐慶鐘後來成爲台灣第一位農業博士，戰後曾任行政院副院長，也是當今總統府資政。蔡雨澤畢業後兩年，發表台灣氣象學第一篇論文。第二屆畢業生有曾任台大醫學院長的魏火曜博士，在法學界曾任台大法學院教授、大法官的蔡章麟，在教育界有田大熊教授、曹欽源教授。

曾在「五院級」擔任要職的人物，除第一屆的徐慶鐘外，第三屆的戴炎輝，第五屆的洪壽南、劉闊才，第六屆的周百鍊，第九屆的林金生，他們曾分居立法院、司法院、監察院、考試院的副座。其中一九九三年六月病逝的劉闊才曾由倪文亞手中接任立法院院長。總之，歷屆同學中都有表現極爲卓越的，當然最有名的是由當時淡水中學校(今淡江中學)考進台北高校的李登輝總統，他是一九四三年第十七屆文甲畢業生。後來進入京都大學，停戰時未畢業，戰後回到台灣大學攻讀農經系，其後取得美國大學農學碩士，美國康奈爾大學農學博士。台北高校分尋常科(爲四年制，從全島國小校長推荐之資優生考選，每年錄取一班四十名，台人只佔一成)和高等科(尋常科直升或由各中學投考，修業三年)。學生畢業後可投考台北帝國大學(今台灣大學)或日本國內各大學。高等科分文、理兩科，又依外語之別分甲、乙。甲類以英語爲第一外語，德語爲第二外語；乙類則以德語爲第一外語，英語爲第二外語。從創立到大戰結束(一九二二—

四五)共計二十三屆(第一屆僅有上面提到的理乙四名學生，最後一屆只有兩名台籍學生溫文洋和黃江林，溫日後赴美留學，黃畢業於台南工學院(今改爲成功大學))全部歷屆在校生，日本人共計二、二二五人，台灣人只佔六六〇人(畢業生爲五九一人)比例約僅佔兩成半而已。

學生分理甲、理乙、文甲、文乙，本地人日後進入大學多以習醫爲多，因爲其他方面出路很艱難。其次爲法科，再其次爲農業、經濟、理工科。當年海外留學，多以負笈東瀛爲主，因爲台北高校甄選嚴格，師資優秀、設備新穎，學風自由開放(有別於中學的嚴加管束)，他們畢業後都能順利考上日本一流的大學，留在台灣的也都能進入台北帝大(今台大前身)，少部分則內渡進入大陸著名學府，繼續深造。

單以台北高校台籍畢業生而論，後來在醫學界享有盛名的便有：魏火曜、魏炳炎、邱仕榮、謝有福、李鎭源、邱林淵、宋瑞樓、彭明聰、杜詩綿、楊思標、陳五福、胡鑫麟、陳萬裕、潘以宏、柯源卿、江萬煊、楊雪舫、許武勇、許子秋、林宗義、郭宗波、郭維租、楊照雄、施純仁、洪祖恩、吳建堂、黃伯超、洪祖培……舉不勝數。至於進入這所狀元學校的兄弟檔，就我所知便有魏火曜、魏炳炎，辜振甫、辜寬敏，郭琇璒、郭琇琮，楊雪樵、楊雪舫，王育霖、王育德，洪祖恩、洪祖培……而在不同領域嶄露頭角的知名人物，除了以上提到的還有：大同公司林挺生，旅日企業家邱永漢(原名邱炳南)，二二八犧牲的檢察官王育霖，台灣語文研究家王育德，文學家黃得時教授，基督教長老教會黃彰輝牧師，宗教學者賴永祥，經濟學家張漢裕，白色恐怖時代繫獄被槍殺的郭琇琮、許強，吳調和(思漢)醫師，逃往大陸在那裡病逝的何斌醫師……如果以戰後活躍在台灣舞台的知名人物來說，每一個領域幾乎都有台北高校校友在內。

台北高校招考筆試極難，仿德國七年制，尋常科四年，高等科三年，尋常科像一般中學，大多收日本子弟。本地人在一班四十人當中只佔二、三位，而且多爲貴冑子弟。郭維租說社子公學校畢業時也曾報考尋常科，未被錄取，這是他一生中每役必捷的唯一一次滑鐵盧。可能父親是小學教師，成分不夠「顯貴」吧，所以後來進入台北二中，再考進台北高校。在後來高等科三年階段，也有發現千中選一的尋常科本省子弟竟有因爲課業表現欠佳而留級的，而在名額佔有絕對保障名額優勢的日本子弟，學業成績欠佳者所在多有。因爲全部歷屆學生的比例，日本人與本地人相較，比例相差也極懸殊。

高等科三年，分成文理科，又分甲、乙二類，甲類語文主修英語，乙類主修德語。當時世界醫學水準以德國獨佔鰲頭，所以理乙多半將來是要攻讀醫科的，理甲則偏向於理工科，每班四十人。理乙本地人最多，大約每班佔了半數，理甲每班四十人當中也有十幾個本地人。文科可能由於出路較狹隘，每班本地人只佔寥寥幾個而已。

當時攻讀醫科的風氣頗盛，競爭也十分激烈。本省人的觀念中也認爲醫生職業安定，收入不錯，社會地位也頗受尊敬，有「鐵飯碗」的說法。富家小姐喜歡嫁給醫生，也是社會不爭的事實。醫生生活安定，見多識廣，社會影響力大，社會先知先覺也頗不乏人，近代史上亞洲政治家中的先知先覺者，如中國的孫逸仙博士、菲律賓的黎剎、台灣的蔣渭水都是學醫的，堪稱無獨有偶的巧合。

班級秀才余秋生

郭維租畢業時是第十五屆，他就讀的班級，四十人當中成績居於前段二十名的幾乎都是本島人，只有一、二個落在後面。內地人(日本籍子弟)則大多居於後半段。在班上成績第一名的余秋生(尋常科升上來的秀才)發現以數學上的「或然率」(Prrobability)和「組合」來看，發現班上同學的成績有這樣涇渭分明的區別時，曾問他個中道理。郭維租回答說：「這有什麼奇怪，在通過考試時，錄取名額的限制已經不是公平競爭啦！」

石本岩根老師

余秋生堅持要拿這個問題，去質問台北高校非常傑出的一位德文老師石本岩根。這位老師德國文學造詣精湛，人品高潔。他本身對日本和本省子弟可說一視同仁。石本老師也是一位虔誠的基督徒，受他影響極深的陳五福（12屆）、林宗義（13屆）、許武勇（14屆）、郭維租（15屆）……和很多受教於他的高校門生，都無法忘懷石本老師的教誨。他開啓了德國語言的鎖鑰，也引導學生去認識德國文學、哲學和思想的深邃之美。石本老師戰後回到日本，他沒有放棄教書生涯，繼續進入九州大學教授德國文學。他在台北高校培育的門生，他們優異的表現也沒有令這位傑出的老師失望。一九七〇年高校同學曾邀他來台訪問，同年郭維租帶「世紀交響樂團」青少年去日本時也曾到福岡登門拜訪這位恩師。那一次同窗余秋生眞的跑去向石本老師請教這個問題，郭維租勸余秋生不要以這個問題爲難老師。溫文爾雅的德文老師聽了這樣的質疑，沈思了片刻，面露難色。只說了一句：「教育應該是有教無類，機會均等吧。」言外之意是不能否認當時的不公平。石本老師是一位誠實的基督徒，他不肯說謊，他不好批評當局教育制度上的荒謬，卻點出應該居於公平的原則。郭維租戰後二十五年在日本見到這位老師，當時他已經快從教育界退休。回想這些往事，石本老師似乎對於當年這種不公平的錄取標準，早已淡忘，或許他在內心深處想要埋葬這些不愉快的回憶，見到當年在台灣敎過的學生，歡悅欣慰之情溢於言表。石本老師一九七七年八月蒙主召歸，安息主懷。聽到這個消息的高校學生，莫不哀痛逾恆。因爲他的學識、人品、修養，陶冶影響了歷屆受過他教導的門生。經師、人師，其影響豈只一時、一地、一人而已！

在郭維租這個班級裡，尋常科升上來的余秋生，台北北門人，成績總是保持第一名，二、三、四名則由郭維租和兩個本地人輪流包辦。四位同學也維繫著親密的友誼，也常一起去郊遊。他們四人德語和數學的成績表現很突出。任課老師要求班上同學回答或解說時，常常有意地跳過他們四個人，等到別的同學回答不出，或解題遇到困難時，老師便會點他們上場，顯然老師是把他們四人列入錦囊中隨時可以派上用場的王牌。

理乙課程特別重視的課程是德語、動物學、植物學、物理化學、數學等科目。這些學科郭維租在公學校、中學時已經打下紮實的基礎，也培養了濃厚的興趣。他尤其醉心於分組實驗。科學領域眞是一個奇妙的世界，每一樣過程都是那樣環環相扣，不能有絲毫草率和疏忽的地方。化學老師是個青年才俊，學問好，又熱心教學，他的課準備得很充實，常常自己打字油印英文講義做爲補充教材，這也是郭維租開始接觸科學原文的起端。因爲是主修德語，第一年（高等科）的課程裡幾乎每天都有一、兩堂德語課，英語方面每週也排有兩堂課。

談起高校的三年時光，郭維租好像進入時光隧道，又回到那段充實的歲月裡：「那時物質生活當然不很富裕。但緊張忙碌的讀書生活，在精神上感到很充實。除了學校裡的功課也開始留心社會、時局的變化，也思索一些人生、哲學問題。現在想起來，也許不成熟，但是在每一個人成長的過程裡，青少年是人生的黃金時代，如果一天到晚渾渾噩噩，做爲一個人又和其他生物有什麼不同呢？偶爾會去逛逛書店，買些課外書籍本讀。當時台北規模最大書店是新高堂（東方出版社前身），其次是文明堂，也在現在衡陽路斜對面，後來結束店務了。」

新高堂書架上的一本書

「記得有一次在新高堂書架上看到岩波新書有一本矢內原忠雄《我所尊敬的人

物》，我翻了一下有點興趣。但還沒有眼光看出其中的卓越觀點，加上阮囊羞澀，零用錢不多，我又把它放回書架。我沒有想到過了幾年，矢內原先生會成爲我的精神導師，對我日後的生命發生了重大的影響。當時年輕，求知慾強，吸收力快，心裡常想：如果家境富裕一些，可以隨心所欲買很多書來看，該有多好。事實上，有不少人經濟情況好，能做到這點，買了滿書櫃的書擺在那裡，任書蟲蛀蝕，也不去讀它，這有何用處呢？」

「後來我讀了《林肯傳》，覺得自己的境遇比林肯好多了。他小時候，常常爲了一本書，要走好遠好遠的路，向朋友借。借回來，抽出零碎的時間，仔細的精讀。因爲買不起書，那本家傳的聖經，簡直被他翻破了。後來他成了美國歷史上最傑出的一個總統。他那篇千古傳誦的『蓋茨堡演講』，雖然那麼精短，但是含蘊深遠宏大的理念。我自己在求學的過程中，不必爲生活分心、奔波，父母盡力讓我全力衝刺，這已經算很幸運了。我們班上四個成績最好的同學，家境大都不算好。班上有幾個同學，父親是醫生家境好，但在功課方面的表現並不突出……。記得那時我還在大稻埕一家書店買了《孫文全集》讀了很受感動，其中還帶了幾本去東京，不時翻讀。我常對貪吃，不能節制的病人說：『實踐是最重要的，空喊『實踐三民主義』當作口號漆在牆壁上，有什麼用？』最近有人笑著對我說：『郭醫生，你對三民主義研究可能比很多國民黨員還透徹呢！』」

「我記得那時讀了伊芙·居禮寫的《居禮夫人傳》，我讀的是日本白水社川口篤、河盛好藏等人合譯的日譯本。這本動人的科學家傳記曾帶給我極大的震撼。十幾年前在「史懷哲之友聯誼會」和曹先生認識，又經過一些年才知道你們夫婦合譯了這本傳記。後來在《立達杏苑》醫藥雜誌拜讀曹賜固先生那篇《走過來時路》，才知道這位士林先輩醫師是令尊呢。看到上面的照片，回憶起早年社子一帶流行霍亂症曾和老醫師一起義診的往事……也沒想到現在你會動筆來替我這樣一個平凡、不足奇的草地醫生寫傳記。眞的，第一次你跟我提到這件事的時候我嚇了一跳。這些年，偶爾有些雜誌、報紙也刊登過我的零星報導，介紹過我一點社會服務工作。但是我從來沒有想到有人會來爲我立傳，我只希望自己走過來的路，能給後來的年輕人一些借鏡，我就很滿足了……。」

「我在台北高校讀書期間，除了班上提到的幾位好友，也認識幾位高我一年的學長。有的因爲太用功、身體欠佳，而留下來變成同年級的同學，有的是學長介紹的。譬如台大泌尿科泰斗江萬煊醫師（他後來曾出任台北醫學院院長）、台大醫學院教授，及擔任過高雄醫學院院長的郭宗波醫師等，都是我的學長。我們偶爾在緊張的考試過後，也會抽空一起到七星山、草山（陽明山）一帶附近的山上露營、郊遊，大家一起談天說地，暢談心中的感懷。我這個草地人，從這些好友身上得到許多啓發。在人生的成長過程中，良師益友，對於一個人在性格上的發展，實在有莫大的助益。當然益友、損友其間差別很大。難怪長輩、父母常常會提醒孩子們注意選擇書本、朋友，因爲這影響太深遠了。至於說終身伴侶那更不能不分外小心！」

郭維租醫師性格明朗、積極。他談話幽默，有趣。話匣子一打開，有如話家常，不假修飾，在平易近人中表現了十足純樸、自然、草根性強烈的風貌。和他多接觸，更會發現他理路淸晰、敏感、機智，難怪他從小功課一路名列前茅。可是更難能可貴的是他那顆關心貧苦、弱勢團體，熱心社會公益，默默奉獻的精神……。

內地人／本島人

問起郭維租在高校期間，有什麼事情成爲他日後的轉捩點時，他這樣說：「台北高校和台北二中，比較起來最大的不同是：淸楚地感受台北高校學生組合中內地人和本島人比例上十分懸殊的差距，這時開始意識到做爲殖民地的台灣人所受到的歧視。那時我偶爾也參加一些活動，我也參加過桌球社，打得不勤，球藝也不出色。另外理甲、理乙班也有「自然科學研究會」這類組織。當時同屆在隔壁班就讀理甲的小田稔是台北帝大內科小田教授的長子，日後成爲東京大學宇宙物理教授、理科學研究所所長，又是國際知名的天文學者。他的弟弟小田滋在台北高校時和李登輝總統同班，戰後長期擔任日內瓦國際法庭庭長。他偶爾來台訪問，見到李登輝總統，李總統問他：『京都光華寮的訴訟後來怎麼樣啦？』小田滋避重就輕地說：『我長年住在國外，細節上不很清楚，但判定台灣勝訴，不就好了嗎？』我後來留學日本回來，進入台大醫院服務攻習內科時，也曾接受小田教授一、兩年親切的指導。後來他們昆仲有幾次來台灣遊歷，參加我們台大內科同仁爲他們召開的學會，大家都保持著像兄弟般眞摯的友誼……」

「不過當時就讀台北高校的日本子弟，至少在我們班上是這樣的，他們仗恃著錄取名額保有絕對優勢的特權。加上父親位居高位，在學校一派傲慢，高高在上，蠻不講理，盛勢凌人的氣燄，實在令人消受不了。他們明顯的對本省子弟帶有強烈的種族歧視，視本地人如未開發地區的蠻荒土著，他們的一言一行使人不禁想起『大陸浪人』的作風……。」

「最令人氣憤的是他們這些紈袴子弟，仗著自己是高官權貴子弟，平日荒疏課業。一旦要考試了，不免要臨時抱佛腳。於是就要命令我們幾個功課好的同學義務替他們『加工』，爲了不使這關係惡化到不可收拾，表面上只得敷衍搪塞一番，甚至連日本古文也要我們教他，當我們提醒他這是你們自己祖先的文字，不應該由我們『異國人』來教他們時，這些權貴也會惱羞成怒：『別囉嗦了，好好教就是了！』」

「假如在求學過程中，我感受過一些難以適應和平衡的地方，不是因爲功課跟不上，或由於性格的差異和同學處不來，而是這些在學校作風跋扈、旁若無人的權貴子弟。想到進入大學還要跟這些人一起唸四年醫科，心裡不免覺得興趣索然。這不愉快的經驗，反而激勵我後來鼓起勇氣到日本留學，開創了人生另一個更大的空間，從這點來說，我也許應該感謝他們的刺激也說不定。」

「有一次上體育課，老師帶同學練習游泳，這個老師說：『游泳只是體育課裡的一項運動，但各位同學不要小看它，有一天這項技能可能會成爲決定生、死的關鍵。』沒有想到，一、兩年後，在一次海難中，體育老師的話應驗了……。」

兩首校歌

不過，大體而言，台北高校不愧是萬千學子競相角逐的學園。有六百個左右的學生朝夕筆硯相親，在此接受教導。該校有兩首校歌，筆者商請好友吳憶帆先生通過日文譯介過來，並請鍾肇政先生做了修訂。因爲台北高校的校友當年唱校歌都是用日文唱的。幾經斟酌，最後請昔日中正高中同事，也是書道名家，精於詩詞的李金昌老師，依詞意以七言古詩體，把這兩首校歌選譯爲中文，果然古趣盎然、典雅而饒富詩味。令人吟咏再三，低迴不已。台北高校另有多首寮歌。這首爲高校第一校歌，由第一任校長三沢糾一作詞，阿保寛作曲。另一首則爲西田正一作詞，山田耕作譜曲，戰後出現多種中譯，讀者可以相互參照比較。

台北高校校歌二首譯詞如下：

一、詞/三沢糾一、曲/阿保寛、譯/李金昌

㈠獅子頭山雲飛揚，七星曉霧凝淸光；
靑靑子衿勤修業，如馬奔騰氣昂昂。

㈠獅子頭山に雲みだれ　七星が嶺に霧まよふ
朝な夕なに天かける　理想を胸に秘めつつも
駒の足搔のたゆみなく　業にいそしむ学びの舍

㈡學問之林誠難量，枝葉繁茂花馨香；
子衿策馬挺山立，長嘯猛志吞八荒。
㈢演武場上汗如漿，凝神掣劍筋骨張；
奮臂揮出旋入鞘，壯志昂高北斗長。
㈣嗟吾青春終有常，純眞意氣不可喪；
君當振作歌且舞，共將生命喜悅創。

㈡限りも知らに奥ふかき　文の林に分け入りて
花つむ袂薫ずれば　若き学徒の誇らひに
碧空遠く嘯きて　わがペガサスに鞭あてむ
㈢錬武の場に下り立ちて　たぎる熱汗しぼるとき
鉄の腕に骨鳴りて　男の子の心昂るなり
つぎる収めてかへるとき　北斗の星のかげ清し
㈣ああ純真の意気を負ふ　青春の日はくれやすく
一たび去ってかへらぬを　など君起ちて舞はざるや
いざ手をとりて歌はなむ　生の歓喜を高らかに

二、詞／西田正一、曲／山田耕作、譯／李金昌

㈠蓬萊佳氣鬱蒼蒼，武陵桃源歲月長；
東方曙色初開展，紅光乍現新希望。
㈡晴空無雲浴艷陽，原野青翠百花香；
青壯齊歌進行曲，志比天高放光芒。
㈢椰林高聳似聖旌，六百學子穿葉行；
誓共心志勤學業，理想高出玉山平。

㈠みんなみの島蓬萊に　武陵桃源睡生の
夢そも幾年つづき来し　東天今や茜して
新しき日の明けんとす　万象とみに生気あり
㈡赤道圏下の日をあびて　花は真紅にもえて咲き
葉は常緑の色を織る　若人の血は感激と
意気のマーチを奏でつつ　人生ここに光輝あり
㈢高くかかげし椰子の葉の　聖旆のもとしたひ来て
盟かたむる六百名　雲にそびゆる新高の
山より高き理想追ひ　切磋琢磨の功を積む

(四)七星晨曦見希望，淡水清影晚霞光。
琢磨德志逾七載，以此聖域爲道場。
(五)歐西文化日斂芒，東洋學術綻晨光；
莫負壯志勤努力，他日鵬展報鄉邦。

(四)朝にのぞむ七星山　希望の色にはゆるかな
夕さすらふ淡水畔　思念は水と清きかな
この聖域を道場に　智徳みがくや七春秋
(五)文化を誇りし西欧に　今や栄華の日は落ちて
わが東洋に清新の　文化の辰あけんとす
使命は重し孜々として　他日雄飛の準備せん
兩年前我細讀日本第一位榮獲諾貝爾物理獎湯川秀樹所寫的自傳《旅人—一個物理學家的隨想》(陳寶蓮譯，收入遠流出版社印行)。湯川這本自敘傳從出生、求學過程、相親、結婚、研究寫到二十七歲他提出第一篇用英文發表的物理論文。他從故鄉的小學、中學、三高一路寫到他進入京都大學攻讀物理學……最後選擇了理論物理這個領域。湯川後來以研究核子理論而預言介子存在蜚聲科學界。當時的學制也完全採用德國學制：小學六年，中學五年，高校(相當於大學預科)三年，大學三年(醫科四年)，這種過程有慢工出細活的妙處。尤其在高校這個關鍵口上，讓選擇未來科系的學子有緩衝的餘地，並多接受一點人文、自然科學的陶冶，因爲這段年齡正是人生全盤方向的分水嶺。性格的塑造差不多到此已經展現了個人興趣和潛在的能力，這一番抉擇免去了鴨子上架，貽誤終生的厄運。

經過這樣的培育訓練，通過國際一流科學論文的閱讀，湯川秀樹在日本本土完成他全部的科學教育，而且有如奇蹟般在理論物理領域綻放異彩。從自敍傳裡，湯川經歷的教育過程，眞的讓人感受到一個傑出人才的孕育，其過程是何等艱難和繁複。當湯川秀樹已經唸完中學，高校時，在大學教授地質學的父親，甚至還不能發現自己孩子的天分，曾考慮湯川秀樹是否該去唸專科學校，而不一定要讀大學呢？

戰後日本、台灣都廢止了高校制度，中學改爲六年，大學改爲四年（醫科連實習共計七年）這奇妙的大學預科「高校」，在教育制度上消失了，成爲歷史的名詞。想到這曾經培植了很多秀異人才的高校，他們在朝向學術之門攻頂的時候，曾在這裡做好暖身運動，不禁感到高校的廢除，殊爲可惜。後來我讀史懷哲那本著名的《自傳／我的生活和思想》第二章巴黎與柏林裡，史懷哲對德國十九世紀末精神生活和完美的教育制度有動人的描述。日本在明治維新以後，全力向德國學習是有它的歷史背景和緣由的，一個國家想要脫胎換骨，走向現代化，非從教育入手不可，只有經濟、物質上的繁榮，在思想與精神領域裡是一個貧兒的話，這個國家永遠沒有希望和遠景。

第二篇/準備

七、留學之路

他很想能到日本留學，三年前學校舉辦東京旅遊的景象又再度浮現在腦海中，可是想到自己的家境，父親小學教師的月薪是一五〇元，母親因為兒女的陸續降生，這時已辭掉教書工作，在家裡做裁縫、養豬……身為長子的他怎麼能向父母啓口呢？

一九四一年，也是郭維租升上高等科三年級，第十五屆生翌年春季就要畢業離開校門。伴隨時局的變化，可以嗅出戰雲濃密的緊張氣氛。縱然報紙的消息經過多重封鎖和篩選，但是很多跡象已可看出一點蛛絲馬跡。譬如台北市中心地帶，從年初開始，日本人聚集的大小官員住宅區，巷路都排滿了戰車、大砲，大大小小的車輛，到處都有衛兵在站崗哨。大砲不再用馬拉，而是用車拖載了，這些都是從內地（日本）運來的，街頭市面看到的士兵也增加，在街上看到士兵列隊到近郊演習的情形也日益頻繁。這些部隊都有輕重機槍的裝備，甚至隊伍後面還跟著小型大砲。

戰雲密佈

陸軍東條英機掌權，一意孤行，軍人一旦干政，其跋扈獨裁可以想見。無論日本本土或台灣本島的中學、高校學生，在他們眼裡已經形同軍官學校預科，文部省（教育部）似乎隸屬於陸、海軍省（國防部）文部局管轄了。

到了秋季九月十八日，學校有一場特別集會，通告說有一位軍司令部參謀井上少將蒞臨學校訓示。全校師生全體列隊陸續進入大禮堂按照順序入座。往前一看，這時已有一個身穿軍服的將官，站在講台邊，一派威風凜凜傲慢的表情，兩眼冷冷地監視著同學入座。這時將官聽到有人在竊竊私語，馬上按捺不住怒火，想要衝上講台。校長用手勢作了「稍安勿躁」的表示，這個武夫根本不聽，擅自衝上講台，旁若無人，無禮的大聲叫罵起來。那種傲慢的氣燄，反客爲主，極度囂張猖狂的舉止，簡直令人爲之氣短。

這個武夫一邊叫罵，一邊吆喝：「你們算什麼最高學府的學生？知道這是特別集會嗎？在隊伍裡有人竟然敢私自講話，眞是沒有規矩的烏合之衆！我問你們今天是什麼日子？！知道的，舉手回答！」大禮堂鴉雀無聲，大家置若罔聞，不理不睬。這時他更暴跳如雷，再問了一、二次，還是沒有人回答。

他忍不住大聲斥罵：「今天是什麼紀念日也不知道，這算什麼知識份子，算什麼學生！」

這時在旁邊的校長，按捺不住開口說道：「好了，現在輪到我來發問，不知道今天是『滿洲事變』紀念日的同學請舉手！」

整個大禮堂一片靜默，沒有一個同學舉手，大家知道這是校長還以顏色。

接著校長對全體師生說：「看，沒有一個人不知道今天是『滿洲事變紀念日』，而且是日本近代史上很重要的一個日子。」

經過這麼一齣啞劇，校長爭回了一點面子，於是請他「訓示」。

（歷史的眞相是：由成爲日本既定國策的「田中奏摺」開始，日本已經一步一步展開呑噬中國（支那）的野心。這項處心積慮的侵華藍圖是：「欲征服支那（中國），必先征服漢、蒙，欲征服世界，必先征服支那。」一九三一年九月十八日夜，日本關東軍炸毀南滿鐵路柳條溝段，誘稱華軍所爲，向瀋陽北大營駐軍進攻。此時日本覬覦中國之心已昭然若揭。中國稱此一事件爲「九一八事變」，日人稱「滿洲事變」紀念日。）

這個武夫，大言不慚，暢言「東洋平和」「大東亞共榮圈」，講得天花亂墜，振振有詞。這對高校學生來說根本缺乏說服力。因爲用最簡單的邏輯推理也知道，「世界和平」（日語「平和」）那裡有建立在必須屈服於「大日本帝國」的道理？這是那一門學說？

最後他還大聲呼籲，日本要掌握這千載難逢的黃金時代，展開攻勢，進而領導主宰未來的世界，然後結束長達一個小時的「訓示」。

揭開太平洋戰爭序幕

果然不到三個月，一九四一年十二月八日拂曉，日本偷襲美國太平洋珍珠港海軍基地。被激怒的美國翌日對日本正式宣戰，揭開了太平洋戰爭的序幕。這是第二次世界大戰的轉捩點，由於日本此一挑釁的行動，使台灣在日本軍閥南進戰略中的地位更形重要，同時也使「台灣」成爲盟軍敵對的目標。台灣總督府爲了因應母國日本政府對美國宣戰，迅速成立許多非常行政機構，公佈了不少「戰時法令」。當時台北高校六百名學生，本地人佔四分之一。新到任不久的校長也以「國家面臨興亡關鍵，青年學生要忠君愛國，爲民前鋒」，效忠政府訓示同學。總之，這時日本已經一頭衝進全面戰爭的火海中了。

這時日本對台殖民政策，也很快的改弦易轍。把原先「工業日本，農業台灣」儘快做了轉變，加速台灣工業生產，以滿足其戰爭物質供應的需要。盟軍當然也看出了這個轉變，日軍席捲南洋後，盟軍對成爲日本重要補給站的「台灣」遂視爲眼中釘。麥克阿瑟想奪回菲律賓這個戰略據點，於是採用聲東擊西的戰略，這樣台灣就變成了美軍P38戰鬥機、B29轟炸機的攻擊目標，使台灣許多無辜百姓家破人亡，過著一天到晚躲空襲的悲慘歲月。

話說回來，一九四一年升上三年級的暑假，高他一屆在高校交往密切的江萬煊學長和幾個同學從日本回來度假。他這時已經考進最負盛名的一流學府東京帝大（戰後改爲東大）醫學部，這是日本全國學子競爭的「龍門」（東京帝大通稱「赤門」，下一章我們再做介紹）。江萬煊學長極力鼓勵郭維租去日本留學。前面已經說過，台北高校是一流的學校，但是不少權貴子弟的表現實在幾近無賴、粗暴。如果在台灣唸醫科，很可能還會和這些人相處四年，想到這裡心就冷了。

郭維租就讀台北二中時，和全體同級生一起曾參加過一次「內地（日本）旅行」，如今這本相簿已經泛黃、模糊了。是啊，他很想能到日本留學，三年前在東京遊歷的景象又再度浮現在腦海裡。可是想到自己的家境，父親是小學老師，當時的月薪是一五〇元，母親已經辭掉教書工作，在家裡做裁縫、養豬、雞，來維持七個孩子的生計。當時聽說留學生在東京生活，一個月要一〇〇元（彼時日元和美元幣値不相上下，是現在美金的好幾倍）郭維租稍爲盤算一下就不免躊躇起來。他們班上成績最好的四個同學，有一位家境比較好的決定要去，家境和郭維租不相上下，成績一直保持第一的余秋生認爲機會難得，要盡量爭取把握。另一位家境不差的決定留在台灣唸書。

江萬煊學長的一句話

郭維租便把這個想法告訴江萬煊學長，待他有如親兄弟的江萬煊說了一句話：「一個人花不了那麼多錢！」江學長以他在東京一年的經驗認爲這不是重要的問題。只要考進東京帝大，生活節儉些，一個月六〇元也可以過日子。江學長自己就住在「高砂寮」(宿舍)，一個月包飯三〇元，日子怎麼會過不下去呢？經他這一番現身說法，郭維租不禁重新燃起一線希望，回到家就鼓起勇氣向母親探聽口氣，母親對這個一向功課很好，又肯上進的長子始終懷著很大的期望，也很了解他的心情。郭維租認爲辛苦一點打打工也無妨。

「想要留學，這是好事，你有這番志氣，又能唸書，家裡要盡量促成你實現心願。縱然生活苦一點，我可以多裁製一些衣服，多教幾個裁縫學生，多養幾頭豬，增加一點收入貼補家用。你如果要去東京唸書，就要專心唸，不要爲了打工而分心。」

五十多年的時光過去了，慈母講這些話的心意神情，還深深地烙印在他的心版上。

父親一開始聽到郭維租要去東京留學倒是比較擔心，一個人在迢迢千萬里外的異鄉，萬一發生了什麼急事如何是好？

但是經過母親的盤算，認爲每個月可以撙節八〇元給他完成留學的心願。郭維租很感謝父母親，這樣開明、疼愛他這個長子，因爲下面還有六個弟妹的生活費和教育費要張羅呢！

抵達東京

郭維租知道全家爲他這個長子，秤鉈鐵了心，投下了賭注。於是他開始埋首苦讀，準備了半年。爲了三月十日左右的考試，一九四二年他提前一個月，和同學三人於二月十一日抵達東京。

江萬煊學長爲他們三個人在東京帝大前面找到一家專租給學生的便宜宿舍，訂了一個月的租期。早一個月去適應一下東京比較寒冷的天氣是對的。他們到東京的那天(二月十一日)原來竟是日本建國紀念日，此時又傳來日本攻陷新加坡的捷訊，舉國上下都正爲了戰爭初期的勝利，大事慶祝「第一次戰勝紀念日」。

初抵異國參加考試的三個台灣青年，當然日夜苦讀，不敢稍有鬆懈。三餐都到外面小店吃，洗澡到附近「錢湯」洗，東京的二月天確實很冷。到達東京的第二天，功課準備得累了，就到東大後面上野公園「不忍池」畔散步。在冷風刺骨的異鄉，好在有三個同學做伴，不然眞有天涯遊子孤單之感！散步的時候，看到有一個穿著帝大制服的學生迎面走過來，三個人不禁被他吸引了。走近向他問路，這個人看到他們三人土裡土氣的樣子，就問他們從那裡來的。三人異口同聲回答說從台北來的。這個帝大學生就說他也是從台北來東京帝大唸書的。他已從江萬煊學長那裡獲知三個人結伴來東京參加這次考試。這個人不是別人，他是台北高校出身的柯源卿——比江學長高二屆，當時已經在東京帝大醫學部唸完三年級。

關於江萬煊學長，相信讀者們一定不陌生，他後來成爲台灣著名泌尿科權威，也擔任過台北醫學院院長。他的長子江漢聲繼承衣鉢，也是泌尿科專家，在醫學界傳爲美談。

父子二人在醫學界不但同行，而且各領風騷。江萬煊是泌尿科泰斗，也是國際有名的男性不孕專家。在台灣，他是男性醫學上居功厥偉的拓荒功臣。他對兩性心理學，家庭計畫的推動，扮演了重要的角色。長公子江漢聲克紹箕裘，也有傑出貢獻，不讓老父專美於前。除了醫學本行，鋼琴造詣也頗有可觀。

柯源卿學長是東大醫學博士、台大公共衛生名教授，也是職業病、公害領域方面的前驅。柯博士在台大醫學院任敎四十年，桃李滿天下。一九八八年從台大退休。他是林挺生的老同學，一直兼任大同公司附設診所主任。他著有《醫的倫理——一老醫的回憶及留言》(一九九〇冬出版，文經社經銷)這本書道出這位醫學前輩半個世紀所見所聞的感受，以回憶隨筆方式寫出，耐人尋思回味。誰料想得到，四十多年後，他們二人在台北同時輪流擔任大同公司，大同工學院的校醫，因爲柯源卿和郭維租的兒女都在美國，這二對老夫婦一年都有兩次飛往美國和兒孫二代團聚的共同異國之旅。

人生征程，有如山路，起起伏伏峰迴路轉，無法逆料。有如一個登山客在日暮時分，眺望來時路。仔細尋索，碰到的人、朋友，有些看起來彷彿不經意，後來才發現與日後的全盤方向有密切的關連。對於虔誠的基督徒郭維租來說，這是上帝的旨意，對於「不可知論者」來說，一切只是過程的發展，究竟推動和形成的因素是什麼呢？難道所有的現象只是緣分或偶然!?

在東京生活了幾天，那一年正逢東京下了好幾場大雪。唸書累了，撐著雨傘走到外面欣賞一下風景，對出生於亞熱帶的孩子來說，眞是別有一番風情。有一天讀書到深夜，周遭寂闃無聲。突然聽到轟隆一聲巨響，好像有什麼重物或人掉下來。地面發出很大的聲音，三個人都嚇了一跳。第二天聽人家說，才知道那是屋頂上積雪太厚，自動掉下來發出的巨響。

考試的日子一天一天逼近了。雖然面臨這樣決定一生命運的重要考試大關，心裡難免有些緊張。但是身經大小百戰的三個高材生，如今背水一戰，遠離故鄉的親友，到異國來和萬千學子擠這個東京帝大仰之彌高的「赤門」，除了坦然面對，別無良策。對於考題，郭維租沒有覺得太難，考完時自認大概不會差到那裡。

過了幾天，放榜的日子到了，余秋生和一位姓陳的同學爲了鬆弛緊張的情緒，當天結伴去鎌倉海邊作一日遊，直到傍晚才回到宿舍。

名列金榜

郭維租一個人去看榜單，果然看到自己的名字出現在錄取榜單上，余秋生也錄取了，可是陳同學沒有錄取，兩人高興之餘，也爲陳同學的落榜感到黯然神傷。他後來進入日本某大學工學院攻讀，成爲一名工程師。

考進東京帝國大學，這是全日本公認最好的學府，而且又是競爭最激烈的醫學部。那一年郭維租未滿二十歲，在苦讀十三年後，他不負家人、師友的期望，進入這所國際有名的大學，成爲台灣子弟在這個學校醫學部獲得學位的第十二個畢業生。

筆者向郭維租醫師問起當時的感受時，他很謙虛地說：「當然，在榜單上看到自己的名字，那一刻的確很興奮，有如在夢境裡。因爲那時自己的家境不是很富裕，家裡又有那麼多弟妹，到日本留學，即使考上了也還要花父母親一大筆錢，心裡有一種壓力和使命感，只能成功，不准失敗啊！當年時局這麼動亂，要培植一個孩子唸完醫科，實在是不簡單哪！當時我在信仰方面尚未接受基督的信仰，我是在大戰結束那一年(一九四五)完成醫學部的課程。就這點而論，可以說從教育的過程看，我是日本統治台灣五十年最後一胎產品吧！我的中文，是在戰後開始學習的。曹先生，我翻譯恩師矢內原忠雄的宗教著作，有些人說那譯筆帶有親切的台灣鄉土味，這點助印過福音叢書的林明輝醫師算是我的知音，他說我的譯筆他讀起來蠻有味道，這個帶給我很大的鼓勵」。

說到這裡，他很頑皮地笑起來，我很喜歡聽他聊天，他跟病人講話也是如此，毫無醫生的架子，好像見到老朋友一樣。病人一見到他，就很樂意把心裡的煩悶、痛苦一一向他說出來。

「後來我也拜了幾位老師，現在台北縣文化中心當主任的劉峰松先生、施義勝教授，如果曹先生你不棄嫌，幫我潤飾校稿的人也是我的國文老師，哈哈……。」

每次為了「史懷哲之友聯誼會」的事，到診所去，看到郭維租、王彩雲這對醫師伉儷，都會從他(她)們身上發現表象看不到的一些「珍珠」，閃爍著歷久不變的光芒。這對醫師伉儷每天過著勤奮、簡樸、充實的生活，千金小姐出身的王彩雲醫師，雖然不是苦守寒窯的王寶釧，郭維租也不是遠征異域後來封侯的武將，但是這對醫師伉儷在二十世紀四〇—九〇年代，在生活費排名在全世界名都前十名的台北市，堅守草地醫生的風貌，印證人間有愛，不在乎財富和高樓，彼此滿頭華髮，還不時調侃自己不會算賬，不懂成本會計，心甘情願租賃診所，在二所學院兼任校醫，以這種步調心安理得地過了半世紀懸壺濟世的生活。

八、東京帝大

古意盎然的校門塗成紅色，遂有「赤門」之稱。這座古樸的大門，不但饒富肅穆的古意，更由於出身的學子很多日後都成爲歷史上的名相、學者或各行各業的領導人物，使「赤門」長久以來成爲學子競相躍登的龍門。……

迢迢幾千萬里，東渡日本，來到異國的大都會東京投考東京帝國大學。筆試通過了，還有口試一關。當時口試官問郭維租：「將來的抱負是什麼？」他回答：「服務人群尤其是造福同胞。」當時教官聽了，又問了一句：「不是應該先做好醫師嗎？」他回答：「有心考醫學部，當然要做好醫師，我想這是不用說的，所以便省略了。」口試官點點頭，說了一聲：「好。」便通過了。

國寶赤門

東京帝國大學，在日本和國際間都是屈指可數的著名學府。南面東邊門口的碑石上赫然鐫刻：「國寶赤門」四個大字。所以東京帝大通稱「赤門」。原是中世大名（諸侯）在京大宅邸，明治維新以後捐獻出來，改為日本第一所大學。諸侯和德川大將軍有姻親關係，所以古意盎然的校門塗成紅色，遂有「赤門」之稱。這座古樸的大門，不但饒富肅穆的古意，也因此校出身的學子很多日後都成為歷史上的名人，使「赤門」成為全國學子競相躍登的龍門。歷代學子，鍥而不捨，矢志一定要考進此校者頗不乏人，歷十幾寒暑而無悔，甚至有名落孫山，不惜以身殉之者。踏進此門時，心中似乎有凜然「國寶赤門」的歷史使命感油然而生。

在大學南邊另有大學正門，在大學中央，也是面朝本鄉道。正門走進去，中央大道兩側有高大的銀杏老樹並列，看起來頗為壯觀，增加了學園特有的甯謐和優雅的氣氛。兩側分別是法學部、文學部、經濟學部。再走過去，正面矗立著堂皇享有盛名的大禮堂，鐘塔很高，仰首看去，聽不到鐘聲，卻有一種悠遠深邃之感。左邊下去是理學部，工學部，右邊過去則是有名的心字池（三四郎池），池畔老樹參天。白天走到那裡，翁鬱蒼翠的百年古木遮住雲天，有如置身世外桃源，令人留連忘返。稍高處有山上御殿，是教授集會的地方。再往北邊是同學鍛鍊身體，展開各項活動的運動場。再過去就是郭維租日後很熟悉的東大附屬醫院，東邊則屬醫學部基礎各科。心字池南邊是東大師生浸淫其中，研習知識的寶庫——大圖書館。東大醫學部有兩個門，一個是前面提到南邊（本鄉道）的「赤門」，另外東邊還有一個「鐵門」。因為這個緣故，東大通稱「赤門」，而「鐵門」則指東大醫學部，進入這所有名學府之後，才知道原來自己是通過激烈的競爭，躍入赤門中的鐵門。農學部則座落於東大最西邊，而且隔著一條路。

郭維租和好友余秋生知道今後四年要在這所一流學府攻讀醫學，尤其是醫學部的位置，設備更要認識清楚。於是兩人就在醫學部，附設醫院的四周繞了幾圈，大體有了一個概念。醫學部本館是「赤門」進去一直走，經過大圖書館後面，再越過去的那一幢建築物了。左邊是心字池，右邊還有兩幢基礎大樓，今後四年忙碌緊張的學習生涯要在這裡度過了。

醫院後面下去，就是初抵東京第一次碰到前輩柯源卿學長的不忍池，池中有一條路通到北邊上野公園。每到春天，滿山滿野開遍櫻花，良辰美景，令人心醉。郭維租每一次想起在這裡度過的青春歲月，在此完成醫學課程的東京，心裡便湧起一股懷念、感激的複雜情愫，這是他精神上的第二故鄉，他日後的整個方向和工作都在這裡成形，決定的。

接下來是住宿問題，正如江萬煊學長的指點，郭維租和好友余秋生都向「高砂寮」提出了申請，不久就獲得許可通知，二人便搬進去住了。高砂寮離東大路程不遠，位於東大南方小石川區。平時如果搭電車，連走路大約三十分鐘，大概車程十分鐘光景即可抵達學校。大戰期間，常有空襲停電的情況發生，有幾次結伴步行。走路也不過費時四、五十分鐘罷了。小學開始，走路已經是家常便飯，那時年輕，更不以爲苦。走近路，途中經過的植物園，也屬於大學的，本校學生可以免費入園參觀，同學常結伴去散步。郭維租談起「高砂寮」的創設緣起，說有關這所學寮的歷史也是不久前去日本召開半世紀以來第一次「懇親會」上才弄清楚來龍去脈的。

「高砂寮」的歷史

原來「高砂寮」是郭維租出生不到一年——一九二三年九月吧，那一年東京發生大地震，東京市原貌幾乎被摧毀殆盡。台灣總督府也於此時發起大規模募款救災運動。當時台灣民衆，尤其是一些大地主，紛紛踴躍捐款。募得款項超出預期甚多。於是商洽如何處理運用這筆餘款。結果便在拓殖大學旁邊蓋了一幢二層樓的學生宿舍，此爲「高砂寮」成立之緣起。

一開始到東京唸書的大多是內地人(日本子弟)，後來台灣子弟漸漸增加。最近從「懇親會」得知，當時日本統治台灣，對於本島人(台灣子弟)心中不免有些輕蔑，有視殖民地的人民爲「非我族類」的優越感，不肯跟台灣人同住一室。管理學寮的主任很公正，就把這些內地人趕走。寮主任看到許多台灣學生由台北高校考進東大，神情有些緊張、不安，前輩的內地人反而安慰寮主任，說不用擔心，一切秉公處理，絕對不會發生問題的。

高砂寮當時約計有二十個房間。原則上，一個房間裡內台人各住一人。學寮屬於民間團體所有。但由總督府間接管理，有一段時間還委託國粹團體「修養團」負責管理，後來主任還由退休的中學校長擔任。日本當局管理這些台灣留日學生食宿問題，由此看來也頗費周章。他們心裡對「台獨」心懷恐懼，俗話說：「惡人無膽」，真的一點不假！也不想若沒有歧視，哪裡會產生「台獨」思想！

住在高砂寮，每天早晚要開會，向皇宮遙拜，朗誦明治天皇御吟等等。一切行禮如儀，不能馬虎。一個月包飯伙食費三〇元，對於家境不富裕的學生，可說功德無量。洗澡就到前面的「錢湯」，寮生算是這家「錢湯」(澡堂)顧客中的知識份子。後來聽說老闆女兒對某一個寮生萌生單戀，成爲大家茶餘飯後的討論話題，不久也被淡忘了。學寮內又有圖書室、音樂室的設備，一切算安定，不必顧慮讀書以外的瑣屑問題。

有一次，一個日本學生在寮內聽到兩個台灣學生用台語交談。於是向主任告了一狀。案子提到委員會時，郭維租說：「這算什麼？日本學生不是也在說方言嗎？這又不是叛亂！」結果事情便這樣解決了。

這裡附帶提一下，這有歷史性的「高砂寮」，戰後管理權當然由寮生自己收回了。這些年來大陸中共的留學生也搬進去住，京都的「光華寮」情況也頗類似。後來演變成「乞丐趕廟公」，中共喧賓奪主，顯然要霸佔主權。於是台灣和中共為了寮舍主權歸屬問題，不惜法庭相見。日本畢竟是一個法治、司法獨立的國家，明知道是台灣民間組織所有，所以一審、二審都判定台灣勝訴。中共不服，想「以大吃小」，再三上訴。日本最高法院已經把此案拖延五年，目前仍在「愼重考慮」中。每一次中共總理和日本總理會晤，提到京都的「光華寮」時，日方總是答以：「一切依法處理，行政不得干預司法。」「高砂寮」雖還未公然發生訴訟問題，但是東京市戰後寸土寸金，一千坪的土地成了令大家眼紅的必爭之地。此次召開「懇親會」顯然有大家預做準備、探聽口氣的意圖。當台灣和中共為寮舍財產主權相爭不下之際，日本政府當然有意花錢消災，找到一個合理、合法、兩全其美能為雙方接受的辦法。但癥結是：在強權之下，焉有眞理？政治時局，變化萬千，寮舍歸屬問題尙且如此，遑論一個國家或全體人民的主權歸屬和命運了！

燒掉封皮的畢業紀念冊

郭維租醫師現在租來的診所，座落於台北中山分局旁邊的巷子裡，掛著「大同博愛診所」的牌子。有一次我去訪問他，郭醫師拿出一本東京帝大畢業紀念冊，封皮已經燒掉了，原來這是從浦城街那場火災裡搶救出來的。上面的照片經過半個世紀的歲月，有點泛黃，但每一張都還很清晰。第一張就是母校校門，豎立在門前的碑石鐫刻有：「國寶赤門」四個蒼勁的大字。第二張是當時東大總長(校長)內田先生，右下側是前任總長已故平賀先生，旁邊附有平賀總長出殯時，在校園舉行的「大學葬」。足見日本政府對教育家、文人、思想家敬重之一斑。然後安田講堂古典的建築映入眼簾，從櫻樹掩映下遠眺的圖書館，醫學部本館、外科講堂，校園內隨四季變換的剪影；學生活動照片，醫學部部長(醫學院院長)高橋教授、法醫學古畑教授、外科大槻教授、物理治療內科三澤教授、內科佐佐教授、柿沼教授、坂口教授、小兒科栗山教授、病理學三田村教授、生化學兒玉教授、生理學福田教授、外科都築教授、婦產科白木教授、泌尿科高橋教授、皮膚科太田教授、眼科庄司教授、耳鼻喉科增田教授、整形外科高木教授，一幕一幕有如電影又浮現在眼前。

郭維租醫師回想這些教授教學的往事，還是帶著尊敬孺慕的神情，在在可以看出東大對他的調教，影響之深遠。

「曹先生，當時我們都是二十歲至二十四歲的小伙子，東京帝大是日本全國學子最高的目標。要進去這個大學已經難如登天，如果想擠入醫學部的『鐵門』，難度更高，就像台大醫學院錄取的一百個學生，成績可能是第三類組所有考生（我的孩子當時考的時候是丙組）的前面一百名吧。進去醫學部發現東大醫學部的教授個個都是醫學界一流的權威，而醫學部的學生，四年中一般基礎課程和臨床都要通過，畢業後到醫院再專攻一科。當時日本許多學制都向德國看齊，所以醫科和法學的年限都要長些。我有時在想：醫術良窳、生命關天。法官判案斷人生死，這都是不能有任何閃失。從事這種工作經過嚴格完整的訓練是必要的，在東大所受的基礎訓練，我一輩子受用不盡，點點滴滴牢記在心……。」

醫學課堂見聞

醫學課程從解剖、組織、生理、生化學開始，接下來是病理、藥理、心理、衛生、細菌等科目，每天過著規律、忙碌的日子。

記得有一次，講授衛生課程的教授，談到細菌侵入人體就會致病時，醫學教授解說：「至於多少細菌，在何種情況下進入人體內便會生病，目前正在進行這種實驗，這是由於戰爭期間才能取得的活體實驗……。」聽到這裡不禁毛骨悚然，這不是明白表示日本正在用俘虜來進行非人道的醫學實驗嗎？把人像動物老鼠、狗、猩猩一樣進行活體醫學實驗(拿動物實驗時是要打麻醉藥的)。十年前讀到日本作家森村誠一寫的《飢餓的飽食》，揭發日本人在中國東北七三一部隊的報導，世人才得知這種令人髮指的活體實驗。人性的殘暴、冷酷，想起來眞令人寒心！

郭維租回憶有一次分組實習，十幾個人編成一組。正好輪到物療內科日野助教授指導。他看到同學們好像伙食不是很好、面帶菜色的樣子。有一天晚上，日野助教授告訴他們家裡寄來一大包馬鈴薯，要大家好好去飽吃一頓。這實在太慷慨了。戰爭期間能有機會打一次牙祭，實在是一件大事啊。

飽餐之餘，日野助教授忽然頗有感觸的說：「人與人之間，原本『八紘一宇，四海之內皆兄弟』應該和平相處才對……。」他停頓了一下，接下來又說：「不過如果有人頑強不肯合作，甚至有意要反抗，那就得給他顏色看看，修理一番！」郭維租聽了這話，不知怎麼，當時很率直的脫口而出作了這樣的回答：「老師，大家彼此都是好兄弟，和平相處這是沒錯，可是基本上，凡事都要講理，如果強盜去搶人家東西，對方極力反抗，強盜卻以暴力修理他，那麼這到底是那一方對呢？」

「我只是隨便說說，大家輕鬆一下罷了，不必舉那麼極端的事例來辯論……。」日野助教授說道，表情有些尷尬。

郭維租這時警覺到自己好像說得太露骨了，這些日本人會不會以爲他在諷刺日本侵略政策呢？日本同學會不會聯合起來修理他？想到這裡不禁心裡涼涼的，便沈默下來。過了一段日子發現並無異樣，才放下心來。

今昔迥然不同

年前，大家聚集在東京開同學會。五十年過去了，大家都由年輕人，變成祖父級的七十歲老人。回顧曩昔，他提起這段往事時，說了一些感激的話。郭維租對同學們當年的寬宏大量，不以他坦率直言的措詞爲忤，眞稱得上是擁有君子的雅量。但是與會的同窗，並沒有認爲郭維租當年的陳詞有何大逆不道，倒是說出了他們心中的一番感受呢。

半個世紀過去了，國際局勢，國與國之間的變化消長遠非昔比，難怪這些往事也隨著時光褪色，當年尖銳的敏感問題，現在只不過家常便飯。滄海桑田，明日黃花，時空交錯，凡事換一個角度看，已經全盤改觀了。

郭維租負笈東瀛時，在社子公學校教書的父親，已經是資深教員，而且升到僅次於校長的教導主任。那時日本統治台灣已經瀕臨尾聲。但是日本政府在台灣進行全面「皇民化」的運動仍積極在推動，郭家也在「國語家庭」一律改用日本姓氏的皇民化之列。郭維租在東京帝大就讀時用的是「宮村宏二」，因爲社子位於圓山的神社附近，父親就用「宮村」這個姓，「宏二」則是他自己取的。他吃了心地褊狹的愛國同學不少暗虧，認爲要心胸寬宏，而他又是長子，所以決定用「宏二」爲名。全班共計一百二十名同學中，台灣人除了余秋生、郭維租，還有松本高校考進來的林秋江，三人中只有郭維租用日本姓名。東京帝大醫學部的日籍學生，皆屬全國菁英。由於就讀台北高校時還留有日本權貴子弟的影像，心裡不免還有一些疑慮。不久他發現在日本本土所接觸的同學們都很和善，待人處理明理而有教養。拿來和把台灣人視同殖民地次等國民的日本統治者相比，簡直有霄壤之別！

郭維租和其他兩位台灣同學都是從小學就接受日本教育，根本沒有語言的隔閡甚至沒有台灣腔調，日本同學不相信他們是台灣來的，因爲講的國語（日本話）比他們標準，功課也不輸他們！

郭維租說在東大苦讀的時候，因爲在大戰期間，德國原文書籍價錢太貴，幸好同室的日籍學長慷慨相借，減輕不少經濟上的負擔。自己又買了一些訂價便宜的日文版書籍。當時日本好的醫學書籍還不多見。看到的都是一些簡單、入門的書，印刷、照片也不夠水準。當時在書店裡可以發現日本盜印的德國醫學書籍上面有「上海版」字樣，連盜印的惡名也推給「支那」去承擔！台灣目前正面對國際版權條例的聲浪，其實如果從出版史看，歐美、日本都走過一條「盜印」的曲折路程哩！

「解剖學」登場

記得初入東京帝大醫學部，四月開學了，「解剖學」課不久登場，要面對好多好多拉丁文專有名詞，功課繁重簡直不勝負荷，郭維租開始以爲是草地人比較差勁。後來跟同學混熟了，大家談起來，才弄清楚，有能力考進東大的學生，幾乎清一色都來自日本高校的菁英。即使名校「一高」出身的秀才也一樣叫苦連天，聽到教授滿口拉丁醫學名詞，根本就是「鴨仔聽雷」，如墜五里霧中。譬如「解剖學」課這位助教授，也許本身太過於投入吧，根本沒有考慮學生是否有理解和消化的程度，講課時滿口拉丁文醫學名詞。聽起來很嚇人，或者他是有意要給這些全國精英一點下馬威吧！

實習課也提前在六月開始，暑假縮短了。實習教室在醫學部本館二樓。教授先告訴同學，屍體浸在福馬林裡剛撈起來不久，味道相當刺鼻，要大家一進入教室便把窗戶打開。

第一天，一開門就見到擺在解剖台上的屍體，大家都受到很大的衝擊，想到現在已經失去生命的一具具屍體，已經走過了一生的歷程，如今木然躺在那裡全無知覺，心裡一時還不能調適。

八個同學一組，每一組可以分到一具完整的屍體，大家開始動手解剖之前，在心裡先肅然面對屍體表示致敬。左右各分頭部、內臟、上肢、下肢四部分。這時刺鼻的福馬林味道已經飄散一些，沒有剛進來時那麼濃烈，不過還是繼續刺激著眼睛、鼻子。然後每個同學開輪流解剖四肢。

上過解剖課，才知道人體的構造是何等精細奇妙，不愧是造物者的精心傑作。肉眼所看到的已經這樣複雜美妙，在顯微鏡底下，眞是巧奪天工，令人嗟歎！「組織學」這門課由小川鼎三教授擔任講授兼實習。這位小川教授學養精湛，講課內容精闢，絲絲入扣，後來才知道他是日本第一個諾貝爾物理獎得主，著名理論物理學家湯川秀樹(湯川隨岳父湯川醫師的姓)的大哥小川芳樹的好友，一流的腦解剖專家。(湯川秀樹為地質教授小川琢治之三子，其昆仲在不同領域皆卓然有成，讀者可參照遠流出版社湯川秀樹自傳《旅人》一書)

至於他進入東京帝大翌年一月上旬，他邂逅精神導師矢內原忠雄先生，接受了基督的信仰，三月中旬回台，搭上「高千穗號」商輪幾乎葬身太平洋，秋天在高砂寮召開留學東京的台籍學生代表會上，初識後來成爲終身伴侶，也是學醫的王彩雲小姐，這些事件影響郭維租至爲深遠，筆者須用專章叙述。

一九四三年初，戰局逆轉，時局渴求更多的醫護人員投入戰場，修業時間由四年縮短爲三年半，後來又減縮半年。郭維租由於用功過度，高千穗號海難僥倖生還，體力過分透支的緣故，一九四三年夏天，身體檢查時發現了輕度肺結核。暑假休養了兩個月才慢慢康復。這時美軍在西太平洋、南太平洋全面展開反攻，日軍節節敗退，無力抵抗的疲態漸露，明顯已失去制空權和制海權的優勢。

一九四四年離開「高砂寮」搬往二宮家「下宿」。繼續和王彩雲小姐保持交往。翌年三月結束全部醫學課程，進入坂口內科實習，九月畢業，領取了畢業證書和醫師證書。

一九四六年才整裝回到台灣，度過了在東京留學四年的歲月，走向人生另一個階段。

他在四季分明的第二故鄉東京市這所一流的大學，度過人生最寶貴的四年（二十

(二十四歲)在日本醫學發祥地的東大醫學部，完成了醫師訓練的全盤過程。聖經上說：「含淚播種的，要歡呼收割」。展現在他前面的是光明可期的醫生生涯，郭維租滿懷熱望，回到故鄉。

郭維租這時不知道台灣將經歷另一個歷史的蛻變。他以日本統治台灣五十年最後留下的「精品」回歸台灣社會，從小學到完成醫學課程，有十七年的時間他完全接受日本教育，拿這一代的產品來和戰後台灣孕育的產品比較，在質地、風格、想法方面應該多少有些不同吧！

九、鐵門開了

五十二年前在東京第一次邂逅精神導師矢內原忠雄的情景，依然歷歷在目，每次想起人生中幾次決定性的逆轉，都在異國東京市成形和決定，心中不免湧起一股莫名的鄉愁。……

郭維租到日本留學，如願進入日本全國學子最嚮往的東京帝國大學醫學部，他擠進赤門中的鐵門，但他沒有想到另一個信仰的鐵閘門會爲他敞開。因爲弱冠之年的郭維租這時尚在探索的階段。對芸芸衆生來說，信仰之路的尋覓其難度遠超過知識的追求。多少人爬上知識的高峰，在靈性上空無所有，以「不可知論者」——找不到第一因的邊緣人度過了一生，要想成爲神的兒女並不是人人有份。

邂逅精神導師矢內原忠雄

在東京生活讀書的第二年（一九四三），一月十日左右吧。那幾天天氣陰霾而帶有冷意。這一天，陽光在雲靄中不時出沒。下午剛好沒課，他和同學林秋江一起到千葉，拜訪東京帝大的前輩陳茂源先生。陳學長是東大法科畢業，當時在千葉擔任地方裁判所法官。後來才知道他是矢內原忠雄，早期入室弟子中少數的台灣人。這之前他和陳茂源先生在「赤榕會」（東大台籍校友會）上已有一面之緣。郭維租覺得這位陳學長見多識廣，談吐非凡，很自然地流露人生、哲學方面的修養。於是和林秋江相偕，坐了一個多小時的電車，到裁判所訪問這位東大的學長。

陳茂源學長一見到他們這兩位學弟，很高興地說：「你們來得眞巧，我的老師矢內原先生四點就要抵達車站，等一會兒我們一起去接他，可以在林間裡散散步……。」

多麼奇妙，幾年前在台北新高堂書架上看到又把它放回去——《我所尊敬的人物》一書的作者，這位在日本當時知識界備受爭議的矢內原忠雄先生，不久就要出現在他們面前。

這時陳茂源學長先把精神導師矢內原先生的著作、思想和處境稍稍做了重點式的介紹。

郭維租回想見到矢內原先生那一年，這位思想家正是五十歲盛年，已經完成《帝國主義下的台灣》、《帝國主義下的印度》、《滿洲問題》、《朝鮮問題》等系列名著。早在一九三七年「七七事變發生」，矢內原就在《中央公論》撰文批評日本侵略中國的不當，其後又在東京日比谷公會堂攻訐軍部窮兵黷武的政策，甚至不惜和日本軍國主義站在敵對的立場，最後被逼辭去東京帝大教授的職位。當時矢內原先生的處境十分艱難，生活頓時陷入困境。但是他毫不在意，仍然埋首研究聖經，到處傳播公義和平的福音。在那風聲鶴唳、軍人專政的時代，矢內原和少數幾位有良知的思想家被稱譽爲「日本的脊樑」。

當時正是矢內原備受迫壓的黑暗時期，日本投入戰爭的火海中不克自拔而且愈陷愈深。

矢內原果然準時在四點抵達，陳茂源學長簡單地介紹了林秋江和郭維租，幾個人就走到郊外的森林裡散步。

郭維租談起和這位精神導師的初晤情景，心裡似乎很難掩抑那股懷念和感動的情緒：「矢內原先生身材高高的，面容清癯，顯得沈默寡言的樣子，神情在嚴肅悲愁中流露莊嚴和自信。」

根本問題——人的罪

「矢內原先生得知我們幾個年輕人很為時局的發展憂心時，他卻很鎮靜地說：「根本問題是人的罪，無論是國家、民族或個人，癥結在罪的問題。不錯，這才是中心問題。沒有罪的自覺和悔改，其他都是空談，只不過是言詞的遊戲吧。」

這些話，有如空谷足音，一句一句滲透青年郭維租的心坎，不斷地在腦海裡迴盪。矢內原先生的言語、見解，這麼俐落精闢透徹，沒有絲毫轉圜的餘地。郭維租對這位躬行實踐、言行如一的傑出導師，一見難忘。他心裡很清楚地意識到：這是他一直在尋找的人，現在他找到了！

那天，這幾個青年人就和這位精神導師在森林裡漫步了一個鐘頭。後來到一家陳學長熟人開的小餐廳吃晚飯。當時戰爭時期，糧食逐漸缺乏，餐廳老闆看到了老友來，那一餐蕃茄燴飯可說色、香、味俱全，燒得特別好吃。郭維租、林秋江兩人在身心上都得到飽足，高高興興地回到東京。

以後，郭維租參加了矢內原先生在駿河台YWCA的聖經講義，每個月第四個禮拜日，他便來此聆聽矢內原的主講，閱讀他編輯的信仰月刊《嘉信》，矢內原所著的《耶穌傳》、《朝聖詩集》等，他一步一步沈穩地走進基督的信仰裡。

郭維租回憶邂逅精神導師矢內原先生：「一月的第四個星期天，我來到駿河台YWCA聽聖經講義。我永遠記得第一場主講裡，矢內原講的腓利門書：『人人都是兄弟，奴隸制度是錯誤的，一定要廢除。但是身爲奴隸的人，不必矢志強求解放。信主的奴隸面對粗暴的主人也不用拚命反抗，應該以柔克剛。奴隸應以順從、勤勉、愛心來感化不信神的主人。因爲公義只有通過和平的手段去追求。壞的主人，不必經由奴隸下手，上帝一定要責罰他的。這些話特別是爲在殖民地受當局壓迫的同胞講的。』聽到這裡，我彷彿感覺從眼睛掉下一片鱗片，在閃光下一切看得更清晰了。是啊，上帝在上面，祂始終注視著地面的一切，不會放棄不管，審判的日子終會來臨。人們只須依靠公義走路，不用急著去替天行道……。」

郭維租一邊在東大醫學部接受醫學生的全盤訓練，日日埋首在繁重的課程裡。一邊在信仰的探索上，他定期閱讀《嘉信》月刊，並細讀矢內原一系列的宗教著作。在異鄉求學的征程上，他在靈性和知識方面都得到豐碩的成果，這與他日後所走的路程有莫大的關係，有如在暗夜裡跋涉的旅人，有了照明前路的腳燈和篝火……。

郭維租初到東京，在台北高校高他二屆的林宗義學長(著名教育家林茂生博士之長子)當時已進入東京帝大醫學部就讀。林學長曾帶郭維租去他的教會。那天邂逅矢內原先生之後，他便專心在這位精神導師門下求道了。

對於照亮本書主人公郭維租日後路程的矢內原忠雄，筆者認爲必須有較詳細的介紹。

日本知識份子的良心

矢內原忠雄(一八九三—一九六一)是近代日本著名宗教家、經濟學家、思想家和先知。畢業於東京帝國大學經濟系，就讀第一高校時即受教於獨立傳道者內村鑑三的門下。

爲了寫作《帝國主義下的台灣》，矢內原曾於一九二七年來台灣考查，並搜集資料。時間是三月二十三日—四月二十八日，共計停留了三十六天。他在台期間曾親訪霧峰林獻堂先生，並對台灣社會進行各種調查。訪台期間又在幾場公開演講中，本著學術的良心對日本殖民政策提出嚴厲的批評。二年後，這本《帝國主義下的台灣》由岩波書店出版。當時在台灣被列爲禁書，全面禁止銷售。由於他本身是經濟學家，書中對日本帝國主義統治政策，如何榨取台灣資源，施行歧視的教育制度、箝制思想的伎倆……矢內原皆用數字、鐵證，一一揭發，對被迫害的台灣人民字裡行間懷著深切的同情和關懷。不僅如此，他又陸續寫了《殖民及殖民政策》、《帝國主義下的印度》、《南洋群島的研究》，這四本書被公認爲矢內原忠雄此一系列的四大名著。

一九三七年中日兩國進入全面戰爭狀態。矢內原在東大依舊以無畏的道德勇氣批評軍部的侵略政策。掌權的陸軍政權，早就視他爲「眼中釘」，這時對他更是忍無可忍，逼迫矢內原辭去東大教席。這時陷入生活困境的矢內原，退隱後仍以傳播上帝的福音爲職志，寫下一系列盪滌人心、啓發性靈的宗教名著。這些宗教著作後來經過三、四十年後陸續由郭維租和友人涂南山先生翻譯成中文。目前收入福音叢書出版的有涂南山先生譯的《耶穌傳》，及門弟子郭維租譯成中文的計有：《我所尊敬的人物》、《創世紀講義》、《撒母耳書講議》、《約翰福音講義》(上·下)、《以賽亞書講義》等，尚未出版的還有《啓示錄講義》、《羅馬書講義》。此外郭維租還譯了也是矢內原門下的師兄高橋三郎的《使徒行傳講義》、《馬太福音講義》。懸壺濟世的開業醫生做了這麼多的社會工作，還能在忙碌的工作之餘，翻譯老師和師兄的著作，這種毅力和精神實在令人敬佩。

一九四五年八月十五日，日皇裕仁廣播宣布無條件投降，第二次世界大戰於焉戛然落幕。戰後東京帝大改爲「東京大學」，並以三顧之禮敦聘矢內原忠雄重返母校主講「國際貿易」。後來升任母校經濟學部長(院長)、大學總長(校長)。

要瞭解日本近代的思想界，應該對「無教會主義」的奠基人內村鑑三(一八六一—一九三〇)及其門生塚本虎二、藤井武、黑崎幸吉、政池仁、矢內原忠雄，嫡傳弟子關根正雄、高橋三郎、郭維租……做一番有系統的考察，才能掌握「無教會主義」的眞髓。

重視歷史的教訓

一九五二年，矢內原忠雄曾以東京大學校長的身分，在創校紀念日面對入學的新生演講。講題是：「重視歷史的教訓」，這篇講詞足以和美國著名化學家康南特校長對哈佛大學學生的演說並垂不朽。

矢內原的講詞十分精采、動人，在此只能摘錄其片段：

「……研究不自由的話，學術便不發達，這件事，對於人文科學、社會科學、自然科學的一切都是眞理，而學術自由是大學的起碼的生命。這自然的歸結是：研究學術教育場所的大學，當然要擺脫政治、行政上的干預，非自由不可。這不僅曰本如此，也是世界任何大學共通的原則。是人類爲了自由而鬥爭的收穫——珍貴的遺產之一。」

「當然，大學不在國法之外，也不是具有治外法權的團體，任何行動皆非遵從國法所規定的不可。只是大學乃是具有學術研究以及教育等特別任務的機構，因此，爲了任務的貫徹、研究，以及教育不致受到當時政治權力的支配而予以歪曲，我一向主張研究以及教育的自由。……」

「……無論外界有任何的轉變，諸君應該抱有不動搖的信念，挺立於堅固的磐石上，才能面對社會時刻幻變的難關。不要酷愛自己的生命，不要追求世俗的榮華富貴。人生有盡，學海無涯。諸君在大學求學過程中，會開始體會眞理的莊嚴和探索的樂趣，諸君務必要牢牢抓住；爲了國民的期許、世界的和平，努力去過有意義的一生。這是我個人的欣悅，也是東京大學的光榮……。」

覽讀這篇擲地有聲的講詞，想起台灣戰後大學教育。長達三十八年（一九四九—八七）的戒嚴令，只有一種聲音和思考模式的神話統治，能不令人扼腕浩歎！

執迷不悟的日本帝國主義野心家，當年視矢內原忠雄這些有良知的知識分子如無物。認爲這些書生論政，不過是一批迂腐的學者罷了。如今歷史的命運之輪輾過，人類付出了慘痛而昂貴的代價。可是誰說過：「善忘的人類，從歷史教訓裡得到的教訓往往是人類從來不記取歷史教訓！」這眞是含有弔詭意味的警句呀！

鐵門終於打開了

多年後，郭維租讀到史懷哲那本有名的《自傳／我的生活和思想》（白水社，竹山道雄日譯本)第十三章。那時(一九一五年夏季)史懷哲正在構思那部《文明的哲學》，作者這樣寫著：

「船費力地在砂丘中間的河道穿行，緩慢地逆流而上——這時正逢旱季。我茫然坐在駁船的甲板上，心中想著在任何哲學中都找不到的根本的普徧的倫理性概念。我一邊努力思索，一邊在一張張紙上寫下不連貫的句子，這只是爲了使自己全神貫注於這個問題。在第三天日落的時候，船正從一群河馬中間走過，我心中突然閃現『敬畏生命』這幾個字，那是我從未預感到也未預期到的——鐵門終於打開了！叢林中的道路變得淸晰可見了！現在我終於找到一條道路，可通往對世界的肯定以及倫理都包含在內的理念！現在我終於明白倫理性的對世界和人生的肯定態度，與文明理念都是具有思想基礎的……。」

郭維租對這段文字特別產生共鳴。他回想五十年前在東京第一次邂逅精神導師矢內原忠雄的情景，自己經由矢內原的指導入信，從此打開了信仰的鐵門，這是何等寶貴的經驗，也是他個人眞實的見證。每一次想起人生途程中幾次決定性的逆轉，都是在異鄉東京成形、決定的，不期然會觸動他內心深處一股莫名的鄉愁。他在這個自己視爲第二故鄉的東京，完成醫學部的訓練，在這裡確定了終生不渝的信仰；在這裡經歷了幾乎喪生的海難，在這裡結識了後半生相伴相隨的人生伴侶；在這裡度過了四年多留學和初期醫生生涯的青春歲月……。

因爲後來他親眼閱歷了多少世俗的生命，他(她)們來自各種不同階層，一樣背負著悲歡離合的命運之軛。不同的教育程度，不同的生長環境、不同的遭遇、不同的性格……無論他(她)們度過的歲月是歡樂抑是充滿悲愁，不是每個人都能在靈信上得到拯救的啊！

郭維租牢記這位打開他信仰鐵門的恩師——因此相隔半個世紀了，他仍然深情地翻開矢內原忠雄的宗教名著，以他戰後自修的中文，一個字一個字啃噬著，一本一本地翻譯成中文。如今這套「台灣福音書刊編譯基金會」發行的福音叢書，列入計畫的十二冊中，單是郭維租一個人獨力譯出的就多達八本，已出版的有五種，尚有三種尙待印行。

有一次郭維租這樣告訴我：「我不計較到底有多少人會來讀這些書，河流的魚群下了卵，眞正能成形變成魚的，如果照存活率的比例計算，也只是其中一小部分罷了。耶穌傳道只有三年，門徒十二人，其中還包括出賣他的猶大。但是耶穌的生命幾乎改變了後來人類的歷史，也許我天生就是樂觀的性格，我總是從積極的正面去考量……。」

郭維租由日本學成回台時還是一個二十四歲的青年。時序推移，轉眼他已是十一個孫子的祖父，處在半退休狀態的七十四歲老醫生。將近半個世紀，他在不同的領域裡默默奉獻，不求名利，只求全心投入他所關心的工作。最難能可貴的是：如同他所從事的醫師生涯，他在負責參與的諸項工作中，從來不半途而廢。他在實踐中顯現了長跑者的耐力，他從來不虛晃幾招就揚長而去，世上現在多的是在「秀」場中亮相的明星，埋頭苦幹的無名英雄漸漸變成稀有動物了。最近我和郭維租醫師談到他擔任史懷哲之友會會長有十四年了，我參與這個會刊編輯工作已經十多年，接下總幹事的義工也六年了，他已七十四歲高齡，我也將滿六十歲了，將來「台灣史懷哲之友」的會務工作由誰接棒呢？聽到這個問題，郭會長面露微笑，他心中似乎已有盤算，最近通信半年，但未見面的高惠民長老在信裡安慰我：「上帝會有安排，凡事都不必憂心……」。既然如此，我就銘記托爾斯泰那篇動人的短篇小說〈上帝知道一切，等待吧！〉有一天，上帝會派一個人來接棒，一點也不必擔心後繼無人……。

一〇、「高千穗號」海難

這艘商船由神戶出航，經過瀨戶內海，日暮時分，波光粼粼，遠近的漁火閃爍，忽明忽滅，恍若置身仙境，誰會想到全世界仍處在戰火瀰漫的危機中呢？……

時間在繁忙的醫學課程中，一天一天消逝，郭維租來東京留學不覺已經一年一個月了，於是想利用假期回台度假，並且探望思念的親人。一九四三年三月十六日，他搭乘八千噸豪華商船，這艘「高千穗號」載著一千多名旅客，從神戶啓程往台灣航行。這時郭維租尚未認識他未來的伴侶——王彩雲小姐，否則較早也曾搭「富士號」回台，在海上也受魚雷騷擾之險的王小姐，一定會勸阻郭維租放棄這次返鄉之旅。因爲在當時戰局日緊的情況下，乘客輪回鄉探親、度假，對一個窮學生來說，也是一件危險又花錢的大事。在神戶登船的一刹那，郭維租的腦海裡竟也閃過這樣的念頭：「踏出這一步會不會發生問題？」旋即又回頭一想：「既來之則安之」。已經決定的事就不用再猶豫了。站在甲板上看著大家紛紛上了船，一波波在岸邊來送行的親友，從那表情看，有的是親友，有的是情人，有的是回台灣的旅客，有的是做貿易的生意人。有像郭維租一樣負笈異鄉的學子，想利用十幾天的春假回台探親的……。

出航的時刻

不久鐘聲通知出航的時刻到了。過了一會兒，汽笛長鳴，商船慢慢滑出去了。

大家慢慢走下船室。三等船艙是多人棲宿的大統艙房，但是爲了要決定誰睡在那一個榻榻米，免不了爭先恐後想給服務生小費，以便爭取到較舒適的位置。郭維租對這個倒不苛求，也不關心。窮學生口袋裡也沒多少錢，而且他心裡想既然買了船票，有個位置就行了，何必爲位置的好壞爭搶呢？反正什麼位置都該有人去睡，他根本不爲這種事操心，後來被安置在機關房的旁邊。這個地方雖然相當吵雜，但是機關房是整艘船重要的部位之一，即使多聽一點噪音也是應該忍耐的。他一向是這樣的樂天派，事情總是往好的方面想……。

這艘商船從神戶出航，經過瀨戶內海，船航行在美麗的島嶼間。日暮時分，波光粼粼，遠近的漁火閃爍著。船邊波浪中有無數小光點忽明忽滅，聽說是夜光蟲，好美！感覺有如置身仙境，使人渾然忘卻世界還處在烽火戰亂的歲月中。十七日睡醒時「高千穗號」停泊在下關港。順便在這裡載卸貨物，補給了石炭，下午又再度啓碇出航。玄海灘風浪較大，風景優美，不久離日本本土漸遠，終於陸地在視野中完全看不見了。心裡不覺有一股寂寞之感油然而生。一種奇怪的想法忽然浮現腦海，「這會不會是最後一次看到陸地呢？」郭維租心裡想著。

身邊的兩本書

因爲在海上有三天的航程，爲了打發時間，郭維租身上帶著兩本書。一本是克利斯帝醫師著作、矢內原忠雄譯的《奉天三十年》，另一本是史懷哲著、野村實譯的《介於水和原始林之間》（英譯書名是「原始森林的邊緣」(On the Edge of the Primeval Forest)）。前者是克利斯帝醫師以宣教團的一員，遠從蘇格蘭到中國東北奉天（瀋陽舊稱）投入醫療服務的實錄和自傳。這本動人的告白記錄克利斯蒂在中國東北經歷的動亂和醫療奉獻，他在瀋陽創立「奉天醫科大學」，醫治無以計數的病患。多年後，郭維租曾譯此書連載於他擔任主編的《醫療與傳道》雜誌，後者是二十世紀傳奇人物史懷哲在非洲的行醫記錄。郭維租手中拿的是野村實由德文原著翻譯的日譯本，野村實本人也曾前往非洲蘭巴倫工作，爲期較短，他與在非洲工作七年的高橋功後來都是「日本史懷哲之友」的會長和幹部，情形一如台灣的陳五福和郭維租！

雖然靠近機關房的統艙臥室，耳畔不時響著噪音和雜談聲，但是郭維租仍然能集中精神看書。這兩本行醫實錄深深吸引了他，他被書中的事蹟和精神所感動。對啊！做一個醫生，應該懷抱著這樣的壯志，特別要關懷那些貧苦無依的病人。一名醫生，並不是只爲了賺錢，建立名位，養家活口而已。他的腦海裡不斷迴響著：「年輕人，該懷抱大志！」（Boys, be Ambitious！）這句話，這兩位前輩不就是青年醫師心目中的標竿嗎？郭維租年輕的心胸充塞著灼熱的理想……。

書讀累了，偶爾走到船艙看看，旅客男女老幼，各色人等都有。也許因爲春假的關係，學生特別多。甲板上，三月陰冷的天氣，海風吹在身上頗有涼意，不能久待。商船桅桿上吊著一排救生艇，「高千穗號」船首、船尾都裝有大砲。也有不少的木筏堆積在貨櫃邊，船上也有一些軍人，但爲數不多。

避難逃生訓練

每天早晨七點用早餐，八時照例要所有旅客上甲板進行避難逃生訓練，包括穿戴救生器具的練習。離開日本本土以後二、三天，波浪不小，商船晃動得很厲害。十九日早餐時，同坐的人有人暈船、吃不下東西，郭維租胃口倒相當不錯，因爲每位旅客一餐只有一小碗飯，如果發現有人吃不下東西，他義不容辭總要代勞一番，這樣一個人往往吃下兩、三份，以免暴殄天物。

十九日早餐用完，便在甲板上散步。離開訓練時間還有半個鐘頭，在甲板時碰到就讀京都大學的台北高校同學，彼此打了招呼。

「再過幾小時便可抵達基隆了。」有人說道。

「大概可以平安回家吧。」

「這艘救生艇可以坐多少人呢？」其中有一個人指著旁邊長約有十二公尺，寬二、三公尺的救生艇這樣說。

「大概能坐三、四十人吧。」有人認爲應該可以容納更多的人。

「幸好我們大概用不上這些救生艇啦。」

這時有人把口袋裡預備的牛奶糖拿出來吃掉了。

十九日早上八點開始訓練，主要做的是救生衣的點檢工作，後來才知道應該做的是救生艇和木筏的準備和使用方法。因此訓練工作的不切實際於此可以想見一斑。

在當時往返的航海中，這樣的訓練大概總是要做的。乘客在甲板上接受船員的指導和說明，各小組集會約十分鐘到十五分鐘。除了船長和值班的航海士外，別的監視員和砲手也從船上望著前方。

被魚雷擊中了！

大家穿上救生衣，演習海難逃生訓練。郭維租在右舷靠船首的地方，這時無意中發現海面上約四、五百公尺外的地方，海水的顏色驟變，從湛藍色變成白濁的圓盤形。咦？好奇怪！那是什麼呢？有一支短短的棍棒直立在海面不動，圓盤上延伸出兩條水花往船這邊迅速伸過來。心裡一開始認爲怎麼會有這麼逼眞的演習？可是馬上又有一種不祥的預感，意識到這是眞正的魚雷攻擊。說時遲，那時快，白色的小水花已經清楚地呈倒V字形，做夢也想不到的魚雷襲擊開始了！

船長一直用望遠鏡凝視著前面，等到大家騷動時才注意到右側海面。馬上用宏亮的聲音通報各處，下令：「左舷大轉彎！」但是已經太遲了，一發魚雷命中船尾，推進器壞了，船速減弱。再過一會兒，又有兩發魚雷發射過來，白色水花的航跡一直伸延，一發命中右舷中部船腹，這應該是致命傷吧！站在甲板上渾身感到激烈的震動，四周船艙的門扉紛紛掉落，玻璃在瞬間粉碎。船艙的行李飛上空中，起重機手臂的金屬器具全部捲走，有如置身人間煉獄，令人懷疑這轟然巨響中全船的人員，是否已經喪生大半。因爲是商船，不像軍艦有防禦性的隔間牆壁，船體在劇烈搖晃下很快開始傾斜。

命運時刻

根據後來調查得知的命運時刻——三月十九日上午九時二十三分，船體迅速下沈，也許這要比翻覆要好得多也說不定。從九時二十三分算起，不過只浮在海面上幾分鐘罷了。

郭維租知道「高千穗號」的沈沒是必然的命運了。一切不容再遲疑，他跟很多乘客就從已經大大傾斜的左舷滑下去，很快地船頭整個消失在海中，這只是前後幾分鐘的事，最長也不會超過十分鐘吧。身上繫著救生衣，人漂浮在水面上，也不知道漂浮了多久，浸到海水的手錶停了。海水很冷，心裡焦急萬分，這眞是「呼天不應，叫地無門」的險境，不用持續多久就會凍斃在太平洋裡。剛落水的時候，大家靠得比較近，漸漸就漂散了。發現了一張門扉，便游過去靠著休息一下。但是海風越來越冷，四周什麼也沒有，悄無聲息，沒有飛機，也沒有船，只有無助地等待……。郭維租這時才想到要呼求上帝。

上帝救我！

「上帝救我！我懇求上帝伸手救我……」郭維租開始在心裡默默呼求，一次又一次。

不一會兒，無意中看到遠處彷彿有一隻救生艇，他不能判斷到底距離有多遠。也許不只一海里，不過這是最後一線生機，他便奮力往小艇游過去，好不容易游近救生艇，但是已經坐滿了人。後來生還之後才知道這艘救艇因爲兩舷重量不均衡，已經翻了兩、三次，這時正是經過一番「重新調整」後的狀態。救生艇嘰嘰喳喳有人說：「再坐一個人，船會沈沒的，不要管他！」這時，聽到救生艇上有人說：「就救這個人吧！」這艘原來只能坐六十個人的小艇，結果載了一百二十三名乘客！

風浪很大，這艘滿載超過兩倍人數以上的救生艇，緊緊貼近海面，舷側離水只有一尺左右。隨時都有海浪打進來，也有可能會翻覆，情況驚險萬分。風浪時時轉變方向，艇身也得跟著調整轉向，以免受橫向的海浪的襲擊而翻船。艇上有十二支槳，一支由四個人划。全船一百二十三名乘客，很多人都已精疲力竭，只好分成兩班輪流划槳。這樣不眠不休、不吃不喝，輪流划了一天一夜，大家都快癱瘓了。

所幸有個船員帶著羅盤，就一直朝著南方划行。白天從日出方向，約略可以判斷方向。晚上看不到星辰，只有借助羅盤，心裡只知道一路拼命地划！

小艇中雖然有些乾糧，但水箱破了，海水不能喝，食物沒有辦法補充，又要大量耗費體力的情況下，弄得大家飢腸轆轆，苦不堪言。爲了活命，大家只好使出所有的力量。

啊·是漁船！

第二天——二十日的清晨，遠遠地平線上出現一個小島，船員說這是彭佳嶼

（彭佳嶼在基隆東北方約58公里海面上，是台灣的最北端。一九九五年七月十八日中共宣布在彭佳嶼北方60公里海上試射飛彈，一度成爲大家矚目的焦點。這個小島由火山融岩形成，不適耕種，水源缺乏，物質條件落後，迄今仍設有中央氣象局的氣象站，站上由七人小組組成。三人小組輪班24小時監測北部海上氣候。氣象站遠溯自清代，成立至今已近九十年，因爲此島等於北部氣候預測的前哨站，所以每天電視氣象預報總少不了要提一下這個小島。）今天日落前要抵達，有得拼了！大家努力划槳，把吃奶的力氣都使盡了。傍晚時分，離目標還有一、兩海里的樣子。小艇老舊，槳楫不堪用力划，有四支槳已先後折斷，用力時腳踏的船底合板也裂開了，海水滲透進

來，好在還不算太嚴重，脫下襪子或手帕堵塞，眞是險象百出。這時小艇只能慢速小心前進，其間看到一、二次飛機和船，但茫茫大海，根本沒有人會發現這艘小艇。有時順風，甚至拿起某人的大衣張帆借助風力前進，或希望提高被發現的機率，最後發現一切都歸於徒然。

郭維租在這危險萬狀的生死掙扎中好幾次都以爲要和這世界的一切訣別了。想起故鄉的父母、親人、弟弟妹妹，全家人把一切希望都賭注在他這個長子身上，而且在經濟不寬裕的情況下，讓他來東京大學留學……。萬一他就這樣離開世界，拋下他(她)們，該如何是好!?想到這裡眞是百感交集，熱淚盈眶。

只有等待奇蹟了!郭維租在心裡一再懇求上帝，期待奇蹟出現……

郭維租認爲上帝接納了他的呼求，這時有好幾點燈火從小島那個方向出現，啊是漁船!

「如果那是台灣人的船，他們肯不肯來救我們呢?」心中拂拭不了疑問的一個日本人說道。可說是良心發現吧!眞是「惡人無膽」!

這時又有一個日本人說:「我們這艘艇上一定有台灣同胞，讓他們用台語呼救吧!」

「那會不會是日本人的船呢?」也有人這樣回應。

這時船上的人,有的用台語,有的用日語,大家聲嘶力竭,放聲用「雙聲帶」拚命呼救,這時仍有一段距離的漁船聽到了,馬上靠近。漁船很小,一艘只能承載十幾個人,於是分乘十艘左右的漁船、漏夜開往基隆,原來這是琉球一帶的漁船。他們適時出海捕魚,成了從天而降的救星!

二十一日拂曉時,這批漁船分別前後抵達基隆港,大家誠懇地感謝漁夫救命恩情,嘴裡不停說著:「謝謝,謝謝……」,然後登岸上路。因為整整有兩天兩夜沒有睡也沒有吃東西,大家走路時慢慢吞吞,搖搖擺擺,在岸邊碰到一位巡邏警察,還挨了一頓臭罵。

「年輕人,徹夜喝酒,醉成這個樣子,眞是不成體統的非國民!」

「我們不是醉漢,不要誤會……這是海難哪,高千穗號商船被擊沈啦!」

「眞是醉鬼,亂講一通,看樣子不修理不行哩!有帝國海軍在,敵人那裡敢用潛水艇攻擊商船!」這名警察根本不相信他們是海難生還的乘客。

「不要冤枉,我們說的都是眞話,船沈沒了!」

這名巡邏警察看看大家狼狽的模樣,聽到大家異口同聲說是海難,又是由一艘一艘漁船載上岸的，不像是參加盛宴，喝得爛醉的醉鬼。於是帶大夥兒到警察局，和有關單位聯絡後，便被安排在煤礦鉅子顏家的大宅邸。大家在那裡住了一個星期，對外全部封鎖消息，等於被關禁閉一個星期。

死亡和重生

後來海難的消息漸漸傳開，無法全面封鎖，只好釋放大家各自回家。這是內台航線(日本↓↑台灣)商船第一次被擊沈的噩耗。因爲有不少學生利用春假回台省親度假，結果不幸罹難，造成很大的衝擊。

以後得知另一艘救生艇也載滿一百二十五名乘客生還，但是第三艘載滿一百多人的救生艇不幸在途中翻覆。只有一個人被巡邏艇救回來，總計至少有將近一千二百人喪生在這次海難裡。原來高千穗號雖有十三艘救生艇，但是在不到十分鐘船就沈沒的時間裡，順利放下的救生艇只有這三艘。

驅逐艦過了很久，才出來營救漂流在海上被撈起來的人，大多已經凍死，這一次慘絕人寰的海難就這樣落幕。在這僥倖生還的二百四十九人中，大多是船員，由此看來，習慣海上生活的船員在行動和判斷上要比普通乘客敏捷多了。

另一艘生還的救生艇上——也是最後兩名之一攀上救生艇的日本學生內藤健吾，二年前也提筆記敍這次海難。他從左舷側，帶著祈禱般的心情，望著海面，從船腹像溜滑梯一般縱身海中。在千鈞一髮的時刻，乘客在前甲板上一個跟一個在他後面跳下海中。內藤健吾追敍說，有人不幸一跳入海中立刻就死了。他看到一個服務生打扮的青年，臉色蒼白浮在水面，顯然已經斷氣了。「高千穗號」尙未沈沒時，船長一個人站在船橋上，望著漂在海面上的人。大家催促他下船，但是他站在那裡紋風不動。做爲負責全船安危的船長，他顯然已決心要和船共存亡。內藤健吾游了大約五十公尺，幾分鐘內就看到船尾沈入水中，浮在水面只有從後部甲板到船頭而已。接著船搖晃著巨大的船體，從船體中央到船首筆直伸向天空，然後以整個直立的姿勢從船尾全部隱入海中消失了。從這裡可以判斷那一帶海域一定很深，長長的船體沒有傾斜就這樣立錐般沈入海裡去了。

漂浮在海面的求生者，那種畏懼、無助、絕望的寂寥感是可以想像。心裡擔心焦急會不會有鯊魚來襲擊？敵人的潛水艇會不會浮上來用機關槍向他們掃射？知道沒有這些危險之後，漂在海面周圍儘是船艙的枕頭、垃圾，後來才知道放下來的只有三艘救生艇，海面上看不到一艘救生筏……

在這樣九死一生的劫難中，救起來的只有二百四十九個生還者！

郭維租談到五十年前這一次「重生」的歷險時這樣說：「我知道上帝接納了我的呼求，我往後的生命和自己許諾要做的工作，都在祂的手裡。後來我在基隆顏家住了一個星期，回到社子家裡，知道家裡父母聽到高千穗號海難的消息，心中焦急萬分。父親因為當過民防（義警）隊長，比較沈著鎮靜。他通過管道探聽到我在生還名單之列，就安心在家裡等我回去。母親卻很激動，說一定要親自到基隆探聽究竟，萬一我沒有生還，她也不想活了！要跳海了卻殘生，說完嚎啕大哭。後來我聽了，深深了解慈母的心情和愛心，心裡感到很對不起她。由於自己低估時局的嚴重性，輕率坐船回台度假，差點鑄下無法挽回的悲劇。每一次想起在這場海難喪生的余秋生就萬般難過。他和我同學四年多（台北高校三年，東大一年），朝夕相處，情同兄弟，他智慧高、功課好，可以為社會做好多服務……後來得知台北高校高我一屆，當時就讀京都大學醫學部的楊雪樵學長和我同在救生艇上，彼此為重生心中百感交集……」

「多年後，我看到『鐵達尼號沈沒記』這部電影的時候感觸特別深。我經歷過這一次幾乎喪命的試煉，我認為這是上帝用海水和聖靈為我做了洗禮。很多信仰基督的教友都很詫異，我這樣熱心神工、傳揚福音、奉行聖經箴言的人爲什麼好久好久沒有接受洗禮？我們一家人又都是虔誠的基督徒，心裡覺得很納悶，我也參加家庭禮拜、聚會，我也很樂意做見證，傳播福音……也許我從恩師矢內原先生得到的啓發，使我相信心靈的受洗遠比形式的受洗要來得重要……。」

「這次『高千穗號』海難的試煉，我畢生鏤骨難忘。有幾件事永遠留在我腦海中無法抹拭。在神戶上船時，爲三等船客『訂位』拚命收取小費的服務生，在基隆上岸時沒有看到他的踪影，難道他正如《伊索寓言》裡所描寫的貪心漢，爲了那些沉重的錢款葬身海底？」

「在這種生死危險關頭，也有感人的事情發生。救生艇的人說小艇划行途中，有一個海軍手抱著嬰兒游到舷側，把頭抬出水面，高舉嬰兒做了最後的交代：『拜託，這個嬰兒是一個不會游泳的婦人拜託我救他的。』說罷，用手托起嬰兒，艇上有人伸手過來接起嬰兒時說道：「你也快上來吧！」想不到這名海軍交託了嬰兒之後，便游開了，嘴裡這樣說：『我受傷很重，大概活不了，我不能上去佔位置，請大家保重了。』說完就在混亂中消失在海中了。」

「這次使上千人喪生的海難，後來有人說彭佳嶼燈塔那個管理員是一名間諜。

他提供了消息，才會使埋伏在附近的潛水艇在那麼近的距離內發射魚雷。以當時的船速和魚雷速度計算，凡是在一海里內受到攻擊的船隻，根本沒有躲避的機會，一定會被擊中的……。我們在俗世的旅程，要發生什麼事，這是沒有人能預料的，我們也不能洞悉神的旨意……。」

特大號的洗禮

一九四三年三月二十一日，他在海難得慶生還，那一年郭維租二十一歲。經過半個世紀，他懷著感恩的心情寫下一篇〈得救五十年〉，因為這個永生難忘的日子，他在心靈和肉體上都經歷了莊嚴、寶貴的試煉。他在茫茫的太平洋海面上，全無依傍、無助、驚悸的絕境中親口呼求：「上帝救我！」結果他成為生還的那艘救生艇中最後幾個攀上艇的人，如果不是上帝抉擇他，必沒有機會活下來。郭維租認為神用太平洋冰冷的海水給他做了一次特大號的洗禮……。

一向講話輕快幽默、風趣的郭維租追憶這次海難時，卻顯出難得一見的肅然。「成功中學體育老師教我們的游泳技術，我果然用上了。如果我不諳泳術，我想在那樣的情況下，生還的機會恐怕微乎其微。但是有救生衣、會游泳，也有跳下海不久就溺斃的；有的人在魚雷擊中船身時就炸死了；有的人落進海中就被重油窒息死了；有的被燒死；有的在商船沈沒時就被捲入海底……我不忍心再描繪那怵目驚心的情景，我知道這生命是神賜給我的，我在心裡做了許諾，只要活下來，我一定要為社會、我的同胞、我的國家做一些有意義的事……。」

「你看，德蕾莎修女一生為窮人做了多少事！這位原籍阿爾巴尼亞，出生於南斯拉夫，被稱譽為『印度偉大女兒』的人道主義者，只謙虛的說：『我什麼也不是，我只是供天主差遣的手或腳而已，我願意為天主做任何工，祂派遣我到世上最貧窮的地區工作，我就得歡歡喜喜地去，我聽從祂的呼召……。』」

聽到這一番話，我更相信郭維租後來他所從事的工作，全心全意鎖定那些貧窮、弱勢、偏遠的山地村、被人遺忘的痲瘋病患者，長期在都市叢林中行醫卻保有「草地醫生」風貌，參與各種社會服務工作，卻從來不爭名利和地位，行醫近五十年，他收費幾近成本，偶爾也會被病人賒欠，對窮人經常免費治療，到現在診所還是「維」持「租」來的……這是因為他在重獲新生，全心歸主後，他的路已經很清晰了，他毫不猶豫地走上行醫濟世，獻身社會服務的道路……。

以他診所的裝潢設備外觀看，很難想像他是東大醫學院出身，而且是醫術精湛，醫治病人肉體和心靈的仁醫，他不亂用抗生素或有後遺症、副作用的烈藥……

有關他懸壺濟世的點滴，筆者也要另闢一章來記敍，以期讀者能更接近這顆樸實、善良的心靈……。

一一、千金小姐

郭維租回憶這段相戀的故事，很俏皮地說，可能因為二人就讀的學校，上面都有「帝國」二字，得以締結良緣，這是窮學生遇上千金小姐的羅曼史。……

天皇耶穌誰偉大？

經歷「高千穗號」驚心動魄的劫難餘生之後，休息了一、兩個月，五月初郭維租再度回到東京帝大，攻讀未完的醫學課程。在異鄉求學又得到東京大學學長，也是台北高校出身的江萬煊、林宗義、柯源卿等人的照顧，在精神上得到不少慰藉和鼓舞。很不幸，余秋生在海難中喪生。那一年秋天，他們班上發行的刊物《火炬》上，郭維租懷著沈痛的心情寫了一篇追悼知友余秋生的文字。沒有想到，在東京帝大求學時與日本同學都相處十分融洽的郭維租，竟因這篇悼文，第一次遭到日本籍同窗三村的注意。並且和這個曾在滿洲（東北）唸過建國大學，滿腦子充滿「愛國」思想的三村進行了一場辯論。三村問他是不是基督徒，郭維租說不錯，而且經過矢內原忠雄指導入信。三村當下聽了，一臉驚駭。便問郭維租在他心目中「天皇和耶穌究竟誰偉大呢？」郭維租答說：「這何必問呢？人和神怎麼能比較！」三村認為郭維租這種「天皇是人」的想法是大不敬。因為依照三村的看法：「天皇是人神而不是凡人。」郭維租認為天皇本人要呼吸、吃飯、喝水、排泄……和大家一樣是血肉之軀，只是日本一國的元首、統治者而已，這和其他國家當時的元首並無不同。至於認爲日本是大東亞的盟主，天皇是其中心，這也只是日本國內一般國粹主義的看法而已。想要以武力稱霸，不以德服人，這是行不通的……問題愈談愈尖銳，三村認爲郭維租的思想確實有點偏差（其實是三村本人的思想有問題），要小心。三村又問他：「『大東亞共榮圈』的民族政策應該怎麼樣？」郭維租直截了當地回答：「只有一句話，不能以強欺弱，做頭的要照顧弱小。」三村說：「眞沒辦法！果然是受矢內原蠱惑的錯誤思想！」三村說站在同學的立場，他不會告密。但是校外到處都是特務、憲兵、偵探，要格外小心才行。這場說教、辯論就此結束。

回想起來，即使是東大醫學部一流的學生，也還是有人相信「天皇是人神」、「日本是大東亞共營圈盟主」這一類的神話，從這個事實看來，任何時代，不同的國家、地點都會出現這種政治常識屬於IQ零蛋的殊例。就是今天的社會，也不乏這種人！

一九四三年秋季，戰局越來越對日本不利。西南太平洋珊瑚海空戰，日軍雖然極力掩飾或封鎖消息，但是敗象漸露。前線部隊苦於補給不繼，已在慘烈的戰役中節節敗退。在大陸西南、緬甸一帶遇到中國軍隊頑強的反擊和牽制，並且遭逢潰滅性的全面打擊，這已是不爭的事實。

第一次看到王彩雲

有一天，高砂寮召開了一場台灣東京留學生代表會議，說是戰局緊急，日本政府要給台灣青年一次絕佳的「報國機會」，允許展開召募志願兵的活動。希望在東京留學的各校台籍學生，推出學生代表，向內閣各大臣（部長）表示感念日本政府一番「德政」等等。表面上講得頭頭是道，似乎蠻有道理的樣子。其實這等於日本天皇的聖旨，根本沒有反對的餘地可言。在東京的主要各學校都推派了二、三名學生代表，男女生都有。當時東京醫科只有兩所學校招收女生，就是「東京女子醫專」和「帝國女子醫專」，而且醫科、齒科、藥科，男女學生都分別派來學生代表，準備翌日拜訪內閣各大臣，表示感謝政府的「德政」。

這便是郭維租第一次看到王彩雲小姐的情景。郭維租被指定去拜訪內務大臣，當時就讀帝國女子醫專（戰後改爲東邦大學）的王彩雲小姐要去訪問總理。因爲當局派專車來，當然只有乖乖應命，接見他們這些學生代表的大多由大臣的秘書出面，而不是日理萬機的高官。

郭維租回憶這段羅曼史的時候，很俏皮地說，可能因爲兩個人就讀的醫學校，上面都有「帝國」二字，他就這樣和未來的終身伴侶「千金小姐」王彩雲結緣了。

「曹先生，我說她是『千金小姐』並沒有輕視或羨慕的情結，而是名副其實的尊稱。她是嘉義縣朴子名醫生王清波先生的千金。看她一派天眞、純純的樣子，就知道是沒有經過人世風浪，好命的千金小姐。後來交往，彼此相熟了，更證明我的判斷不錯，我到東京唸書，母親在社子裁製衣服、養豬、養雞節省下來八十元，寄給我做伙食、住宿、生活費。但是王小姐呢？她的家境實在富裕，她的姊姊那時已經在東京女子醫專醫科畢業。王小姐在東京銀行存款有好幾千元，經過半年，一年膳宿、生活費用掉一些，家裡馬上源源不斷寄上一些存款來……。」

肺尖有輕微的結核

當時內台航線幾乎斷絕，以前家裡好幾次都能寄到的甜粿、麵茶也收不到了。每個月的生活費常常中斷，時局越來越惡劣。記得有一次他在寮舍散步時，看到一架飛機低空飛過，並且投下炸彈。後來才知道這是從航空母艦起飛，在東京上空施行示威轟炸之後，再飛往大陸的美國飛機。日本當局爲了最後孤注一擲，於是下令文、法、商科的學生出征「報國」。在東京留學的台籍學生很多也在出征的行列，同時也要他們這些醫、理、工科留下的留學生為這些出征報國的同學盛大送行。為了這個緣故又在高砂寮集合，商量各種事宜並分配工作。每逢新年或什麼重要節日，也要到明治神宮參拜為國家祈願祈福。在這樣的情況下，各校男女學生自然也增加了相聚的機會。

那一年夏天，郭維租發現身體不太舒服，常有疲憊感或微熱現象。三月中旬海難劫後餘生，雖經一、二個月的休養，可能因為海上吹了三天冷風，加上營養不夠，回家後又咳嗽了一、兩個星期。在台灣時，台北高校學長許燦煌先生已從台大醫學部畢業（請參照拙著《鴻爪展印／許燦煌自敘傳》），就幫他介紹結核病專家桂教授。照了X光，看了片子，桂教授說郭維租肺尖有輕微的結核。沒有什麼關係，休息調養一陣就行了。

在長壽園裡的日子

五月回到東京，六月上「病理學」，由結核病理學專家岡治道講師擔任這門課程。這位講師不但病理學方面造詣精湛，臨床方面經驗也很豐富。有一次上完課，郭維租就告訴老師，在台北時照了片子，好像有輕微的結核。岡道老師看了新照的X光片後說：「對，有一點，現在很輕微，暑假休養一陣子便會痊癒的。」他建議郭維租利用暑假好好休養一段時間應該會復原的。

這時一向十分照顧郭維租的柯源卿學長，已經在東京市西北大約一百公里的群馬縣山中，一家名爲「長壽園」的結核療養所服務。柯學長爲人溫厚、不善言辭，但照顧晚輩不遺餘力。郭維租搬離高砂寮以後所租的二宮夫婦，就很善待台籍留學生，尤其隔壁小山夫婦很欣賞租屋一段時間的柯源卿，很希望能把女兒嫁給他，屢次有意無意間就央託郭維租向柯學長表示。

柯源卿學長畢業後在「長壽園」服務，知道這些晚輩寒、暑假無處可去，很歡迎大家去那裡玩。柯學長打趣說：「療養的病患偶爾有人陪伴，以解病中寂寞，其實醫師也是人，也應該有人來陪伴才對呀！」

郭維租聽他這麼說，便高高興興到「長壽園」去小住，好好地休養。住在山中的日子，常常和當地的小孩一起玩，到小溪釣魚、在山林小徑漫步，接受森林浴。那些小朋友還恭維他們這些老大哥不愧是首都的大學生，講的日語好標準。直到今天，整整半個世紀過去了，郭維租對這個山中的小村還是很懷念。一九九一年夏天，他們夫婦曾攜手再去訪問這個山村，座落於溪畔的旅館（鳩之湯）。旅館主人看到他們夫婦好高興，說竟然還記得這個旅館。當年的療養所「長壽園」已經沒有結核病患，早已關門停業。但他特地叫當時在那裡服務的一個事務員和護士來談談半個世紀前的往事。她是旅館女主人的嫂嫂，郭維租告訴她自己曾患輕微肺結核，在「長壽園」療養所前面的民家休養了兩個月。她端詳了郭維租一番說道：「那是我家的房子，東京來的大學生，又是柯醫師的後輩，我該記得呀！」郭維租笑著回答：「我當年用的是『宮村宏一』這個日本名字呀！」「噢，原來您是宮村先生啊。」當時二十一歲翩翩少年，如今已是七十一歲的老人，難怪相見不相識了。

記得戰爭時期，交通不便加以石油缺乏，巴士都用木炭發動，由於馬力不足，車輛破舊不堪，常常會在途中拋錨。火車雖然擁擠，尚可忍受。但從高崎或澀川到大戶的巴士性能差，故障頻頻，常常站在路邊枯等半天，仍然不見踪影，乾脆結伴一路步行。曾擔任台北醫學院院長的江萬煊學長，和後來擔任台大小兒科教授的陳炯暉醫師等好友都結伴走過。一邊聊天，一邊欣賞風景，實在很值得回味。

柯源卿學長

記得有一次走得更遠。那一次，五、六個從東京坐中央線往西到奧多摩，再走山中峻嶺。從那溪川上流下去，一直走到長壽園。據說那一帶深山偶爾會有黑熊出現呢！溪川上流風景絕美，蓊鬱青翠的老樹，潺潺溪流，時時變幻的雲彩……令人心曠神怡，永難忘懷！雖然抵達時，大家都又餓又累，可是畢竟沒有走錯路，這種在大自然中壯遊的經驗是多麼美妙的回憶！

柯源卿學長當時年少英俊，爲人溫文爾雅，學品俱佳。「長壽園」療養所的護士對他格外禮遇，當時還有一位護士長(日本小姐)對他很痴情，但因爲是單戀，最後沒有結果。柯學長當時已經和台灣去的一位女孩感情不錯(就是後來的柯夫人)，常常一起散步談心，感情的事豈能勉強?!她也因輕微症狀去那裡短期休養的，護士長常常欺負她，對她嚴加監視，不准她散步，要她安靜療養，不得外出。

後來柯源卿和這位台灣籍小姐結婚，郭維租和一些晚輩都參加了這場日本的神道式婚禮。前塵往事，都已經是半世紀前的舊痕，時光溜轉，大家已由青年變成老人了！如今柯源卿醫師在大同公司和大同工學院的醫療工作，也常二人交互輪替，赴美探親的時候，便由郭醫師輪流接替。

東京的生活隨著時局吃緊，糧食日感匱乏。每個人每天只能分到二合三勺（約三六〇公克左右）的米，而且漸漸連這個配額也達不到了。副食品更是缺乏，於是男女學生常常相約到郊外買菜並作郊遊。苦中作樂，大家一起度過戰爭的艱難歲月。如今回憶那段同甘共苦的憂患歲月，還眞叫人銘感難忘。記得某一次，有人得到了一些青菜種籽，就把它撒在防空洞上面，等到長到二、三寸高的樣子，便摘收其中幾支來煮湯，大家圍坐著享用這碗菜湯。看到幾片青菜浮在上面，已經感到美味無比，說來可憐，連鹽巴也沒有，只好用橘子皮作調味品。

日本近代有名的導演，刻畫日本戰前戰後小市民階級生活最細膩、傳神的大概要數小津安二郎這位大師了。他捕捉日本小老百姓日常生活的喜怒哀樂，他（她）們小小的夢想，人生途程中的生離死別，其寫實入微眞令人驚歎。現代男女離婚率偏高的原因，主要癥結是：浪漫情懷、火花四射的愛情，諸如琴、棋、書、藝、詩、酒、花這類事。只是「愛情哲學入門」第一章，柴、米、油、鹽、醬、醋、茶，在平凡的生活中經營，此情不渝的盟誓才是能否拿到學分的關鍵所在。不能體會個中滋味，愛情也只是禁忌遊戲罷了。

同樣在異鄉求學的男女，有了交往的機會，情投意合的繼續把友誼維繫發展下去，毋寧是很自然的。郭維租對這位千金小姐發生興趣當然不是因爲她是「千金小姐」。郭維租去王彩雲小姐當年所住的大森宿舍見了兩、三次面，宿舍有會客室，可以在那裡見面交談。大森稍離都市中心，好像稍微有點東西可吃，但價錢似乎頗貴，有一次她叫了一客豬排飯請郭維租吃，於是同學們看在眼裡，知道他們進一步在交往了。

大空襲之後

郭維租在高砂寮住了兩年光景，可是發現宿舍的氣氛和管理越來越麻煩，有點不對勁。一九四四年春天，他終於搬離高砂寮。租了一間民房，是一個名叫二宮的日本民家。不久，王彩雲小姐畢業了，開始在東大小石川分院服務，成爲一名女醫師。她服務的地方離他住宿的二宮家不遠，後來便搬到郭維租隔壁租房子住。她有幾個朋友也在東大分院服務。這樣他們兩人的交往更形密切，彼此感情日深，漸漸意識到將來會成爲眷屬了。

一九四五年戰爭進入最後階段。美軍登陸沖繩島，展開一番慘烈的殊死戰鬥，東京也面臨美機大舉轟炸日本本土的厄運。三月十日是日本陸軍紀念日，五月二十七日是海軍紀念日。這兩個特殊紀念日是日本戰勝俄羅斯，躋身強國之林的紀念日，也是帝國主義，軍國主義想要大事紀念，耀武揚威的大日子。結果美國空軍，選定這兩個紀念日的前夕傍晚，幾百架B29從南洋群島起飛大舉轟炸東京。主要使用燒夷彈，再加上一些小型炸彈，以遏阻消防撲滅工作之進行。東京幾乎燒毀殆半，舉目望去，一片瓦礫，眞個是滿目瘡痍，怵目驚心！大概有十萬以上生命死於戰火。郭維租租賃的二宮家，差一點也被燒到。幸好，到次日天明時分延燒竟然在接近住處幾十公尺的地方停止了。郭維租也加入救護傷患的行列，把傷患分批送往分院，一面也準備避難，所幸後來並未被戰火波及。

東大課程至此又縮短半年，很多同學在醫學部修完三年課程就分發到國內各部隊當軍醫。郭維租則留在大學醫院坂口內科擔任副手。當時年輕醫師都被征召去軍隊，醫院裡缺乏醫師，教授和前輩都很歡迎他，也樂意把臨床經驗傾囊相授。郭維租便在這所大學醫院坂口內科認眞地學習，在臨床診療方面受益良多。幾場大空襲之後，很多傷患都住院療傷，外科病患住滿了，就借住內科。二次大戰持續四年，醫藥極其匱乏，連基本的止痛藥也無法供應。傷患手指頭燒得焦黑，不得不切除，手術前後應該用的止痛麻醉藥也弄不到，切除時聽到令人毛骨悚然的慘叫聲，令人有如置身人間煉獄。戰爭的悲慘、恐怖，非親歷其境者是無法想像的。

大戰落幕

一九四五年八月六日人類有史以來第一顆原子彈，投擲在日本廣島，立即奪走廣島市民七萬人的生命。其後的幾個月中，因輻射感染和嚴重灼傷喪生者超過十三萬人。八月九日第二顆原子彈投在長崎，也造成近十萬人的傷亡，總計兩顆原子彈造成的死亡人數在三十萬以上，八月十五日日皇裕仁宣布無條件投降，第二次大戰於此落幕（我們日後得知一九三七年日本軍閥在南京的大屠殺，其死亡人數竟遠超過原爆死者！），如果翻開歷次戰爭中人類屠殺的記錄，身爲「萬物之靈」的人類應該是生物中最殘暴的劊子手無疑了。

郭維租繼續在坂口內科進修，直到九月才正式畢業，領到畢業證書和醫師證書，這時算是「名副其實」行醫有牌的醫師了。

郭維租此刻意識到自己的國籍改變了，不久要踏上歸鄉路。於是台灣同胞在日本各地組織同鄉會，在東京也每週有兩、三個晚上要去學習「北京語」和研讀「三民主義」。

一九四六年，返台的時期近了。王彩雲小姐和幾個朋友搭第一班船，三月回到台灣。郭維租等到五月才搭第二班船返鄉，他前後在東京留學度過了四年又三個月的青春時光。親眼目睹故土台灣又進入另一個不可知的時代，心中眞是萬般感觸湧上心頭。

回到台灣，郭維租好幾次到王彩雲小姐嘉義朴子家拜訪。得到雙方家長的同意後，十一月五日在故鄉社子的教堂舉行婚禮，由李鐘智牧師主持嘉禮。喜宴設在社子國小大禮堂，當時社子國小日本籍校長已經遣返日本，當時擔任教導主任的父親郭林田暫時住在校長宿舍。

郭維租在東京完成醫學課程，也在這裡認識他的另一半——王彩雲醫師。「人要離開父母，與妻子結合，兩人成爲一體。」這一對傑出的醫師伉儷，都是學有專長的醫生，都是虔誠的基督徒，他(她)們從這裡展開人生的奮鬥歷程。這個家是蒙受上帝的祝福的，他們五個兒女——一男四女後來都考進國內大學的醫學院(兩位牙醫、三位醫科)克紹箕裘，形成台灣少有的「醫生世家」。

爲什麼說他們是名副其實，台灣少有的「醫生世家」呢？因爲他們五個兒女都是醫生，後來女婿裡又有三個醫生，而他岳父這邊呢？岳父王清波先生本人在嘉義也是名醫，他是台北醫專早期畢業生。王醫師十一個子女中，有六個醫生，一個牙醫師、一個藥劑師，女婿有兩個醫生，媳婦有兩個醫生，孫子輩將近二十個醫生。郭家、王家兩家三代和醫學領域有關的總共加起來，有四十多人之譜。筆者心裡在想，這在台灣是不是也是「台灣有數」的記錄呢？這個猜測如果正確無誤的話，要請專家莊永明先生列入他的「台灣有數」記錄裡面存檔了。

二、歸鄉路

郭維租踏向歸鄉路的日子來臨了。慈母心中千思萬念盼望遊子返鄉，心裡擔心東京帝大醫學部畢業的長子，會不會娶了日本小姐，變成別人的乘龍快婿!?

郭維租進入東京帝大醫學部前一年，太平洋戰爭已經掀開序幕。如果從第二次大戰戰史去回顧，這時由日本一再挑釁之下，引起的中日戰爭業已進入第五個年頭。但是一九四一年十二月八日日軍偷襲美國太平洋珍珠港海軍基地，激怒了美國人民。翌日美國對日本正式宣戰，於是太平洋戰爭便撲入驚濤駭浪的階段。一九四二年中途島(Midway)海戰，更是決定性的轉捩點，此時日本逐漸在氣勢上露出敗象。一九四三年一月德軍三十三萬人在史大林格勒慘遭殲滅，五月非洲的德義軍投降，軸心國這時益顯心餘力絀的窘狀。

一九四五年四月十二日大戰期間，蟬聯第四任美國總統的羅斯福猝然病逝，副總統杜魯門當天宣誓就職。同年德國海軍上將鄧尼茲宣布，希特勒已經在柏林被炸毀的總統府防空壕裡自殺身亡。一星期後，德國在里姆斯無條件投降。歐洲戰事的勝利日是一九四五年五月七日。

一九四五年七月間杜魯門、邱吉爾、史達林在波茨坦舉行會議，七月二十六日發表最後通牒要日本無條件投降，日本還想等待更有利時機，沒有具體回應。八月六日，美國在廣島投下第一顆原子彈。三天後又在長崎投下第二顆，造成重大傷亡，舉世震驚。八月十五日，天皇被迫「玉音放送」，宣布無條件投降。

九月二日，日本代表在停泊東京灣的「密蘇里」號戰艦上簽署降書，第二次大戰在此終告落幕。

廣島上空原子彈從投彈到爆炸，歷時四十三秒鐘，這四十三秒不但改變了無數廣島人的命運，也改變了世界歷史。這顆名爲「小傢伙」的原子彈在四百公尺高空引爆，方圓三公里被夷爲一片焦土，全城頓成人間煉獄。三天後長崎也挨了第二顆原子彈，傷亡之慘重，史無前例。

這兩個城市爲「終戰」付出了昂貴而可怕的代價，戰後雖然獲得重建，廣島甚至成爲世界高科技中心之一，但在歷經半個世紀後的今天，殘存的長崎人和廣島人，承受了親友死亡的重創之餘，在廣島幾家醫院中，現在仍住著一萬多名受輻射塵灼傷，永遠無法痊癒的病人。這些畢生背負著「原子人」烙印的受害者，尋找對象時受歧視、排斥，生下的小孩罹患血癌、心臟病、肢體殘缺等病症，遠比其他城市的比率要高得多。

今天「國際核子武器俱樂部」成員已擁有更驚人毀滅全城的核子武器，人類如果不覺悟，未來的答案已經很清楚了。

漁村假期

郭維租停留東京期間(一九四二—四六),差不多每逢過年時都會到長崎郊外堂哥郭萬壹家度假。這位大他十幾歲,就讀台北高校高他十一屆的學長,後來考入長崎醫科大學,畢業後娶了日本太太並且一度回到台灣,在台北大橋開業多年。前面提到郭維租就讀台北二中時,常常天濛濛亮就要趕去歡送出征軍人時,有時就借住堂哥家裡。後來思鄉情切的堂嫂,由於不能適應台灣的生活,便舉家遷回日本長崎,當時堂哥已經有三個孩子了。戰爭期間,長崎因有著名的造船所等重要軍事設施分布該市,難免成爲美軍空襲的目標。郭萬壹醫師在這種情況下,便疏散到離長崎市約有十幾公里的海岸開業行醫。交通方面,陸路巴士不太方便,只好搭乘小艇到那個市郊海岸邊的診所。記得第一次造訪時,還是堂哥的親家(岳父)帶郭維租去的,後來那裡成爲他過年必到之處,和堂哥家也很親了。

以五十年前的交通來說,東京到長崎算是不短的路程。搭火車要十幾個小時到二十小時車程,車廂十分擁擠,這一趟折騰下來也蠻辛苦的,可是堂哥是郭維租在日本唯一的親人。診所座落於遠離市囂,瀕臨海邊的一個漁村,風景優美,民風淳實，郭維租到現在仍然很懷念留學歲月在那裡度過的假期。

戰爭末期，石油的供應越來越短缺。小汽艇也不容易搭上了，乾脆搭乘火車時在距離長崎前二、三站就提前下了火車。一路步行前往海岸邊的漁村，年輕時代走一、兩個鐘頭的路程是不在乎的，何況沿路有優美的鄉景，從小就喜歡大自然的郭維租認爲這不但是一種鍛鍊，也是心靈的沐浴。不但不以爲苦，反而認爲是鬆弛身心的享受。

堂哥一家人，對這個遠來之客總是表示衷心的歡迎。當時鄉下糧食還有一些儲積。因爲堂哥是醫生，病人偶爾會帶些禮物來酬謝。每天病人不少，工作十分忙碌，但這時隨著戰況的緊急，藥品漸漸供應不上了。郭維租認爲機會難得，也常一旁見習，觀摩一下開業醫師看病的實際情形。堂哥的長子那時大約十歲左右吧，也常常結伴在海邊沙灘散步，聊天、游泳、打球，當然身上也常帶著一些書籍翻讀。讀書習慣遠在台北二中，高校時代就已經養成了。除了醫學書籍、聖經、《嘉信》月刊，矢內原先生的著作，有關文學、哲學、探討人生問題的岩波文庫尤其是他所欣賞的，直到現在他對岩波文庫還是情有獨鍾。一旦發現有什麼新書，他絕不放過，不久前我就在郭維租診所的書架上看到岩波印行的有關教育、信仰、老年安養、治療、福利、食療法等問題的叢書，他好學不倦的精神，留給筆者深刻的印象。

騎馬代診

郭維租有一次照例到了堂哥那裡度假，當時住在山村裡有一戶人家來請堂哥去「往診」(看病)。病人年紀大了，行動不便，必須勞駕醫生親自出馬。堂哥偷偷告訴他這個老病人已是胃癌末期的患者。

「宏一(日本名)，你已經就要快從醫學部畢業，不久也是一名醫生了，你就代我去『往診』吧，順便學一點經驗。」

「好，我去試試看。」郭維租覺得堂哥對待他有如親兄弟，自己能夠略盡棉薄之力，應該是義不容辭的。

因爲沿途都是山路，來請求醫生「往診」的病家，倒是有備而來，牽著一匹馬作爲交通工具。郭維租就這樣平生第一次「騎馬出征，爲兄代診」。因爲這是第一次騎馬，心裡不免好奇又有一些緊張。但是因爲有人牽馬，安全沒有問題，也不用擔心座騎不聽使喚。騎了好一陣子，問他大約還有多遠。牽馬的人答說：「不遠，很快就到了。」說完繼續前進，不久，那一座山已繞了一圈，沿路風景山色，如詩如畫，騎馬又不累，倒是難忘的經驗。第一次做「先生」(日語「醫生」之意)的感覺怪怪的，不過總算當上「先生」倒是事實了。

又走了一陣子，繞過了那座山頭之後，郭維租問說還有多遠。回答說：「不遠了，前面小山繞一繞便到了。」就這樣在山間繞來繞去，終於到達一間茅屋前。病人面容清癯，從臉上深深的皺紋判斷，應該年紀很大了。

山村中的家人看到郭維租這樣年輕的醫生，禮貌十分周到，連聲道謝「先生」遠道親來往診。郭維租檢查一下病人，發現胃部果然有一塊拳頭大小的硬腫瘤，老人吃不下東西，又有嘔吐現象，胃癌末期的診斷是鐵定沒錯了。醫生能做的只是減輕病人的痛苦，於是打了一針止痛劑，坐下來安慰了病人和家人，這就是所謂「盡人事，聽天命」了。病況已經進展到這樣，病人、家人和醫生心裡都有個底。即使如此，對罹患絕症的病人，醫生和家人還是要給他們減輕痛苦，付出關懷，幫助病患平靜、安詳地離開人間。郭維租這一趟「騎馬往診」面對的雖然是一個罹患絕症，不久就會辭世的老病人，可是體驗了做爲一個醫生的職責所在，也是平生難忘的一次「往診記」，心裡感到能替堂哥完成「代診」的使命，總算有一份小小的成就感。常常來堂哥這裡接受招待，有機會略盡微勞這是應該的。

正因爲堂哥的診所座落於瀕海的漁村，一九四五年八月九日投擲在長崎的原子彈，由於和這個漁村有一段距離，堂哥一家人僥倖逃過了劫難，但是住在長崎的堂嫂家人，除了一個弟弟有事遠離長崎市中心，其他老家族人幾乎全部喪生。

在戰爭的威脅下，人命不如螻蟻，旦夕禍福，誰也無法逆料。堂哥郭萬壹醫師(後來歸化日本籍，改名賀來宗光)意志力堅強，事業企圖心旺盛，他後來搬回長崎，開設長崎綜合醫院，規模日益擴充，現在已擁有兩所大醫院，專收老年病患，總計有一千多個床位，是目前長崎最大的財團法人綜合醫院。八十多歲的堂哥，還是精神奕奕地工作著，眞是上帝的恩寵。當年郭維租常去度假的漁村老診所，則由堂哥的長子文雄克紹箕裘，在那裡開業行醫。

阿斌的命運

除了堂哥郭萬壹醫師，郭維租還有一個堂弟郭維斌。他是二叔的長子，社子公學校畢業後，應募到日本海軍工廠當學徒，半工半讀，一邊學習工業學校的課程，並從事造船的工作，其實說穿了，這是戰爭時期的所謂「廉價童工」。宿舍一幢連著一幢，櫛比鱗次排得很整齊，看起來有點像軍營，有好幾千名台灣少年在這裡做工。郭維租有兩三次去探訪維斌堂弟，見了面彼此都很高興。阿斌說工作起居、三餐比一般民衆要好，看來是比照軍屬的待遇吧。當時郭維租在東京挨餓的時候，海軍工廠的倉庫還儲存有不少罐頭，阿斌還拿了兩、三罐給他呢！

然而郭維租心裡想到這麼小小年紀，遠離故鄉到這裡來工作，這本來是應該專心唸書的年紀，如今在工廠半工半讀，學業不能兼顧的情況下，少年時代正常群體教育孕育的人格、氣質自然談不上了。其間得失，實在是負面多於正面，郭維租覺得阿斌和這些少年還是蠻可憐的。

附近當然也有日本員工宿舍，美國飛機轟炸日本本土期間，曾預先警告，只炸日本員工宿舍，不炸台灣員工宿舍。叫台灣人盡量不要靠近日本員工宿舍，情報之靈通、準確，令人咋舌！

後來日本敗戰，這些台灣少年，在被遣回台灣的前幾個月裡，成了沒人管的野孩子，有些乘機滋事，惹了不少亂子，一度是日本政府棘手的問題。

阿斌的命運怪可憐的，回來台灣結婚成家，生了兩個兒子。過了幾年，因罹患心臟瓣膜症，年紀輕輕就拋妻別子，撒手人寰。當時日本已經開始施行心臟外科手術，台灣當時還辦不到。郭維租回到台灣，才進入台大醫院服務不久，一切都未安定，沒有辦法幫他東渡日本手術，想到阿斌這樣年紀輕輕離開人間，心裡很難過了一陣子。

大戰最後一年——一九四五年東京遭到一連串大規模的轟炸，一月二十七日東京都中心部投下了炸彈，B29七十架，聲勢浩大，聯合出擊，投下了三百多顆炸彈，死傷一千四百多人。有樂町附近受傷者六十多人，傷亡屍體躺臥街頭，看來怵目驚心。

然而美軍看來並無意就此鬆手，大空襲由二月二十五日、三月四日、三月十日一波一波接踵而來。動員B29轟炸機多達三百架，死亡將近十萬人，東京市幾乎化爲一片焦土，郭維租所住的公寓差一點就被波及。

後來八月六日廣島挨了第一顆原子彈，接著八月九日長崎受到第二顆原子彈的轟炸。殺傷力之強，遠超過世人所能想像。死亡和受到輻射性傷害的人數，一時無法統計。八月十五日日本天皇裕仁「玉音放送」宣布無條件投降。

日本結束了五十年對台灣（一八九五—一九四五）的統治，台灣從此又進入戰後另一個歷史階段。

踏向歸鄉之路

郭維租踏向歸鄉路的日期接近了。慈母想念遊學東京的長子，聽說東京帝大醫學部的學生是小姐們最想以身相許的白馬王子。在社子的慈母擔心郭維租會不會娶了日本小姐，變成日本人的乘龍快婿，那就糟糕了。

後來聽說郭維租已經有了一位交往密切的女朋友，是台灣去的，也是唸東京帝國女子醫專的醫生呢！老人家有了這樣的消息，聽了很感安慰，便放心等待兒子學成返鄉。

王彩雲小姐於一九四六年三月搭乘第一班船歸鄉，留東京帝大醫院坂口內科工作的郭維租，五月結束四年多的留學生涯，和林宗義、江萬煊等前輩，好友們一起回到故鄉。

闊別故國四年多的歲月，在戰爭動亂中一路努力完成學業的郭維租，可以說是日本統治台灣五十年最後留下的一批精品。「宮村宏一」再度還原爲郭維租。從出生到二十五歲，由一個充滿泥土氣息的鄉下孩子到成爲東京帝國大學（戰後正式改爲東京大學）醫學部的畢業生，從小學開始到完成醫學部的課程，其中中學跳了一級。他在長達十七年(醫學部在戰爭期間縮短了一年)的讀書生涯中，除了在家裡講台語(福佬話)外，一直以日語爲國語，他講的日語流利、優美，比日本人還要字正腔圓。如今，台灣又回到中國的版圖，往後又得重新開始學習國語了(北京語)。

有一位日本人長谷川太郎先生，他本身是一位虔誠的基督徒，身世相當傳奇。抗戰期間他在東北看到日軍屠殺中國人，心裡咎責至深。敗戰後遣返日本之前在東北受洗成爲基督徒。前幾年長谷川氏妻子辭世後，他以一名宣教師身分來台灣償還道德上的債務。他有一個女兒是醫師，在東京大學醫院服務。一個青年人在時代動亂時代所經歷的一切，當然會深刻銘記在腦海裡。

國籍在天家

一九七八年長谷川氏來台灣，第一次參加台北日語禮拜時，聽到郭維租先生的佈道，講題是「我們的國籍」。

郭維租一口標準、流利的日語使長谷川十分驚異，而佈道的內容尤令他永誌難忘。長谷川這篇日文稿由他的好友陳絢暉先生譯成中文交給我(陳絢暉先生曾把證嚴法師《靜思語錄》第一集譯成日文，在日本出版，傳誦一時)。

「各位主內兄弟姊妹平安：我的祖先原來是清朝臣民，所以當年是留著辮子的清朝國民。後來由於清朝在甲午戰爭打了敗仗，馬關條約把台澎劃歸日本，因此我出生的時候是日本人。第二次大戰結束後，國民政府不管我願不願意又強迫我做中國人。到底我的眞正國籍在哪裡呢？聖經上說：『我們的國籍在天上』，經過我再三思考，我相信我的國籍是在天上……。」

長谷川聽到這樣的佈道，可以說平生第一次，這種說法令他驚詫不置。長谷川氏從來不曾想過自己是男人或女人，也不曾想過自己是日本人，如今卻聽到有人肯定自己的國籍是在天上，對他這毋寧是一種震撼。以基督徒來說，天堂才是永遠的家，可是這樣公然表明自己的國籍設在天上，的確是平生第一遭，前所未有。聽得他目瞪口呆，一臉愕然。

史懷哲軼事留有這樣的記載，當他前往挪威奧斯陸領取諾貝爾和平獎時，一名法國記者問到史氏的國籍，這個記者其實知道他的國籍，只是他想親耳聽到史博士承認自己是法國人，史懷哲出生於阿爾薩斯省凱撒斯堡，當時該地屬於德國。但在第一次大戰後改屬法國。一九六五年他病逝非洲蘭巴倫，他的出生地迄今仍隸屬於法國。阿爾薩斯省的人民有一半操德語，有一半講法語。史懷哲從小在這兩種語文的環境中長大，他後來也學會英文、拉丁文、希臘文、希伯萊文。他滯留歐洲期間，史懷哲慣用法語和鄉親交談，但是寫作卻一向使用德文，唯一的例外是為了感謝法國籍管風琴大師魏多(C.M.Widor)史氏第一次用法文寫了那本有名的《巴赫論》，不過後來還是改寫成德文，結果篇幅增加了一倍，變成八百頁的大書！這位擁有哲學、神學、醫學、音樂四個博士學位的歐洲才子，不肯獨享上帝賜給他的恩寵，從歐洲的文明核心遁入非洲原始叢林，在蘭巴倫獻身五十二年，後來埋骨該地。史氏墓碑是一個木頭的十字架，上面鐫刻姓名、生卒年月，底下有「♁」標誌。「十」代表基督之愛。「○」表徵四海一家之愛。綜觀史氏一生志業，這個標記實至名歸、當之無愧。因此當記者問及史懷哲的國籍時，史氏不假思索做了這樣的回答：「我是地球人，不是月球或火星上的人……。」

對於郭維租來說，他一定很早便對自己的國籍做了深刻的思考，他認為「自己的國籍在天上」，想來絕非戲言！

一九九二年，長谷川再次聆聽郭維租的佈道，對於這位年齡相若，多年來交往，二人已經成為老友，如今相隔十五年後，郭維租的證道如下：

「……我仍然是台灣人，而且深深覺得自己是一個台灣人。過去大家從外表姓氏、講話判定我是日本人，我沒有否認，但心裡總覺得怪怪的，說我是中華民國的人。我稍稍可以確定，但還是不能全盤接受。大陸人士指我們都是中國人，但是我們大多從未住過中國大陸，怎麼想都不能確定自己是中國人。我確實是漢民族，但民族和國家並不完全相同。聖經說：『你的國籍在天上』，對於這點我倒有深刻的體會。」從這兩次佈道可以清楚看出郭維租的心路歷程，他確實認定自己的國籍在天上，這些證言不僅不是戲言。而且是很眞誠的告白呢！然而，經歷了二二八事件，白色恐怖長達三十八年的戒嚴統治，郭維租痛切感受到他出生在這塊土地上，這是他所生、所長、所愛的故土，他徹頭徹尾是一個台灣人！

「無教會主義」探原

對於以矢內原忠雄爲其精神導師，抱持「無教會主義」這點，長谷川氏對郭維租的「無教會主義」，也做了精采的詮釋：「如同中文一樣，日文中相同的漢字由於理解角度不同，也往往會有不同的含義。例如「無教會主義」也可看成「無教會・主義」與「無・教會主義」。前者的說法是：基督徒係從羅馬天主敎(舊敎)→新教→無教會主義，演變到現在。職是之故，無教會主義乃是盡量不受外表拘束的純福音。後者則指不一定要屬於教會，不偏重洗禮、聖餐等禮典，注重愛心表現的信仰（耶穌的新誡命）。日常生活中表現主的公義、仁愛、和平就是理所當然而合理的「獻祭」。只要深信耶穌背十字架就是象徵已替我們人類贖罪，深信被釘於十字架的基督所表現的「愛」就會得救。是對組織、傳統等偏重外表「教會主義」的批評。其實無教會主義也注重集會，確切的說也是廣義的教會。

因此推究，郭維租應屬「無·教會主義」，所以常常參加台北市或全省各地的無教會信徒集會，並以長老身分擔任長老教會國際日語教會的責任幹部。他胸襟宏大，不拘形式，重視內涵。郭維租素來認爲心靈割禮比形式上的割禮更爲重要，心靈的洗禮尤重於形式上的洗禮。因爲耶穌說，應該以心靈和誠實來敬拜上帝。

筆者家父曹賜固（一九〇三—九二）於一九九二年十一月八日辭世，十二月十六日在台北景行廳舉行告別式。因爲家父是佛教徒，參加告別式親友者皆以捻香行禮。筆者事先告訴郭維租醫師時，他仍堅持以「史懷哲之友會」會長身分和夫人王彩雲醫師、鄭信眞牧師、施義勝、黃淑英伉儷同來參加告別式，陳五福醫師當時在治療期間，也要從羅東趕來參加，經我再三婉謝才作罷。其情誼心意逾越宗教派別，令筆者感念不已，也許眞正的宗教原本並無派別之分！

二次大戰期間，台灣捲入太平洋戰爭的火網中，被迫徵調、投入這場戰爭陣亡的台籍戰士，根據最保守的估計也在三萬多人以上。即以筆者認識的親友長輩而論，家父一九四四年已經是四十一歲的壯年醫生，仍然在圓山集訓地完成軍醫訓練，並且先後兩次接到動員召集令，要派往南洋戰地充當軍醫。但是準備前往高雄碼頭待命時，兩次皆因戰艦擊沈或鐵路路段炸毀而未成行。知友施義勝兄的尊翁施敎正醫師則於一九四四年四月(卅三歲)調往菲律賓馬尼拉擔任軍醫，戰爭結束方返歸故里。幾年前移居加拿大溫哥華，一九九五年十一月二十五日走完人生旅程，安息主懷享年八十三歲，十二月三十日歸葬台東信望園。名作家劉慕沙女士的尊翁劉肇芳老醫生當年也被徵召到菲律賓當軍醫，戰後返鄉，迄今仍在苗栗銅鑼鄉行醫，救人無數，今年已八十九歲了。那時二十六歲的陳五福醫師在台大醫院眼科部擔任醫師，是留在醫院服務最後幾名未出征的年輕醫生，二十二歲的郭維租尙在東大攻讀最後一年醫學課程。當時徵召赴戰地的軍醫喪生於這場戰火中的青年醫官，爲數不少。

馬爾薩斯在其名著《人口論》一書中對迅速增加的人口曾做了悲劇性的預言。縱然馬爾薩斯的論據不免有點杞人憂天，但是其中不無眞理的訊息。毛澤東當年不聽馬寅初的忠告，結果大陸多生了好幾億人口！也許歷史的大循環裡應該記下有些「惡煞」出現帶來的變數。讀者試想：由於希特勒、東條英機、墨索里尼、史達林、毛澤東的出現，有多少人在出生時就蓋上了死亡的戳印。正因爲這個不能預知的變數，世界人口曾在某一段時間內大量消失。如今人類已經走到「生存抑或毀滅」的關口，也許在核子戰爭中倖存的人要羨慕已死的人類呢！冷戰的結束並未完全排除核子戰爭的威脅。

郭維租搭船航過太平洋，踏向歸鄉路。這個二十四歲的年輕醫生滿懷理想和灼熱的情懷，學成歸國。國體如今由日本變成中華民國，在他內心深處，服務桑梓，回饋培育他的父母、親人，對他而言，這是天經地義，也是唯一的抉擇。

郭維租進入台大醫院第一內科服務，當時的職位是沒有薪水的助教。談起這段不支薪的歲月，他俏皮的說：「我在台大工作這段時間建立了家庭，但沒有薪水。這段時間有點像吃軟飯，是靠我太太王彩雲醫師養我的。」他的個性就是這樣豁達，醫學院畢業生第一樁工作竟然沒有薪水，眞令人難以相信！

一九四六年夏天，社子流行霍亂，附近的醫生大部分投入醫療服務工作，以遏止疫區蔓延。不錯，正是這一年，家父曹賜固醫師曾和這位青年醫師在工作上有過交會。那年筆者九歲，就讀士林國小二年級，我做夢也沒有想到，有一天我要用筆來記錄郭維租醫師的心路歷程……。

如今，我先後完成了三本本土人物傳記——許燦煌、陳五福、郭維租，結果三位都是台北高校先後期校友，後來都在醫學部完成醫學課程，有人竟以爲我是專爲醫生立傳的職業作家，這是人生的偶然還是神的安排呢?!

第三篇／實踐

一三、二二八夢魘

在這場浩劫裡，根據最保守的估計，有二萬左右的台灣菁英、青年學生、無辜的人民，慘死在陳儀政府軍的槍刀之下，爲此事件受株連、逮捕、監禁、失踪的人數到現在仍然是個解不開的謎……。

一九四六年五月，郭維租搭「自由型」輸送船，從吳軍港出發，一路航向歸鄉路。這距離上次幾乎使他喪生的「高千穗號」海難，已經三年多。太平洋曾經使他極度接近死亡的邊緣，一千人以上寶貴的生命葬身深邃的海底。環繞著這一千多人魂牽夢縈的親人、朋友，又有多少人在這場海難裡心碎幻滅?!

船終於安抵基隆港，郭維租知道他未來的前程，都要在故鄉的土地上展開。他得償所願，在戰火憂患歲月中，於東京帝大完成醫學部的課程和訓練，而且日後將以醫生這項工作介入社會服務了。同船回來的還有江萬煊、新婚不久的林宗義、李美貞伉儷、陳炯暉、謝國城……和不少在同鄉會裡認識的朋友。近鄉情怯，大家的心裡抱著年輕人的夢想。啊，回到故鄉啦，這是最眞實的事……。

返抵社子，這時在社子國小教書並擔任教務主任的父親郭林田老師，因爲日本籍的校長已經回去日本，郭維租一家人此時已搬到國小校長宿舍。兩年前家裡又添了一個小弟，樣子十分可愛。

郭維租返鄉的行囊很簡單，幾件衣服、棉被、幾本心愛的書、筆記簿，也帶回一架可隨身攜帶的顯微鏡。這是戰爭結束後，在東京路邊看到的，他知道這是不可或缺的工具，特地請堂哥郭萬壹醫師幫他買回來的。

祖父、祖母、父母親、弟妹一家人看到郭家的長子學成歸來，興奮之情溢於言表，挨家挨戶拜訪了應該要探訪的親戚、朋友。經過戰爭的苦撐，鄉園看起來顯得千瘡百孔，百廢待舉，應該好好來建設了。休息兩、三天後便到台大醫院內科報到。當時台大醫院採取德日制，有三個內科，主任級多半是台大醫學院第一屆校友，都是高郭維租六年的前輩。醫院裡還有日籍醫學教授留在台大服務，擔任顧問。主任對老師輩的教授相當禮遇，把專用的主任室，隔一半給教授使用。當時第一內科主任是翁廷俊醫師，日籍教授是小田俊郎博士，他也是東大醫學部出身，坂口內科的前輩。

不支薪的助教

郭維租登門拜訪這位前輩小田教授，聊了東大內科的一些人和事，並且向小田教授提出申請進入內科擔任助教的意願，小田教授和翁主任當下就答應他的申請，郭維租很順利地開始返鄉後的第一個工作。

翁主任對醫療、行政工作相當投入，做事熱心、勤勉，對他這個學弟表示由衷歡迎。第一內科的同事還有同乘「高千穗號」生還的楊雪樵（他是京都大學出身，名畫家楊三郎的侄兒，其弟楊雪舫也是台北高校校友，日本名古屋醫學部畢業，後來成爲甲狀腺科的名醫，四十九歲盛年不幸病逝，惜哉）、張興和、羅美香等都是留學日本的醫界新秀。至於羅道堯、陳炯明（後來出任國泰醫院院長）等在台北二中、台北高校時就是彼此相熟的同學、校友，所以氣氛上感覺有如一家人，很快就打成一片了。

上班是從社子走到士林搭火車到台北車站，然後再走路到台大醫院，江萬煊老家在竹南，就借住郭維租家附近的民家，每天一起到台大醫院上班。說起來令人不能相信，辛辛苦苦唸了那麼多年書，醫學院畢業在台大醫院上班，卻沒有薪水，這是德日制醫科大學的傳統。戰後台灣社會一切亂糟糟的，好像都未安定下來。郭維租父親學校的薪水，也不能按時核發，有時甚至還會拖幾個月呢！當時一般人生計之艱難，可以思過半矣。爲了生活，郭維租不得不在家裡，利用晚上的時間多看幾個病人，收取一點費用來貼補生活。家裡旁邊的空地闢了一個小菜園，栽種了一些蔬菜，但生活還是顯得寒傖、拮据。醫院行政官管理方面，不但沒有改善，反而陷入混亂的狀態裡。他們這一群「無給助教」，只有自謀生路、自力救濟一途了。

那時醫院各科（內科有三科）正式編制只有七、八個醫師名額，在這種情況下，他們十幾個「無給助教」就共同接辦注射工作，開闢一點財源藉此維持生計。另外有幾位年輕醫師，資歷和他們這群留日醫學生差不多，有的甚至更年輕，但佔著天時、地利、人和之便，不但有助教薪水，又有兼職。翁主任爲求公平起見，在第二年就通告幾位領取雙薪的，把其中一份薪水交給日本回來的這些醫師夥伴。

啤酒工廠兼差

郭維租心想，這樣下去終非長計。於是就受派到台北一家啤酒工廠醫務室兼差，名義上說是兼差，其實這才是賴以生活的薪水。他每個星期有三個下午，騎著一部花費苦心從日本進口的自行車來回上班。

回想那時在啤酒工廠上班的日子，郭維租覺得也蠻有趣的。上班沒有茶水，只好以啤酒充當茶水。可是白天喝啤酒，紅著臉爲病人看病，看起來有些怪異。所以只好等到快下班時才喝一杯啤酒解渴，不過有些病人偏偏趁下班前一刻才來看病，這時只好紅著臉替病人看病，病人如果聞到有酒味的醫師，不知作何感想？心裡是不是會竊笑誤以爲郭醫師是個好酒成癖的酒鬼呢？

戰後台大醫院由台灣人第一個獲得博士學位的杜聰明（一九二二年獲京都大學醫學博士）擔任主任，他也是台灣醫學界藥理學泰斗，桃李滿天下。杜聰明博士日後出任台大醫學院院長，第一附屬醫院院長、熱帶醫學研究所所長。一九五四年，創辦私立高雄醫學院，出任第一任院長，並兼該校藥理學教授，一九八六年以九十四歲高齡病逝於台大醫院。

當時醫院裡資深或實習醫師幾乎都是杜聰明的門生，其實戰後也是由他負責接收台大醫學院和附設醫院的工作，並暫兼行政管理的工作。因為杜聰明博士是個修養好又客氣的人，因此他的職位當時只稱是醫院主任。李鎮源院士、許燦煌博士等都是杜聰明博士早期第一胎得意門生。

顯微鏡失竊了

不久派來一個據說是陳儀行政長官的乾兒子擔任台大院長，說是日本京都大學出身，後來就出紕漏了。有一天發現台大醫院第一內科教室最好的一部顯微鏡失竊了。這位新院長便以他的思考模式懷疑是「無俸助教」(不支薪俸的意思)們下手行竊的。根據這位院長的邏輯，一個人沒有薪水而又肯在醫院工作，這動機就不單純，值得深表懷疑。他們這十幾位「不支薪俸」的助教無法忍受這般栽贓，直接到院長室和他理論，表明不可輕率冤枉嫁禍他人。那時大家年輕、熱情、純潔、滿懷理想，實在嚥不下這口烏煙「瘴」氣，質問院長如果他本人眞的在日本京大醫學部進修過，難道他的動機也是爲了想在公家醫院偷竊東西而去留學嗎？問得院長一時啞口無言。所幸不久偷兒逮到了，總算得到澄清，洗刷了嫌疑犯的罪名。彼時大家尙無社會閱歷，回想後來二二八事變的株連、濫殺，不禁毛骨悚然。因爲進入白色恐怖時代，不分青紅皀白，很輕易地就命喪九泉……。

談到病人，戰後初期的台灣，由於大陸來台接收人員的跋扈、腐敗，使社會停滯於貧困、混亂狀態。加上各種疾病層出不窮，衛生設備又差，在一切不上軌道的惡性循環下，此起彼落的病例，使人心惶惶不安。諸如瘧疾、急性、慢性腸炎、阿米巴紅痢、肺結核等疾病。記得有一次由海南島撤退回來的軍屬，很多都身罹重症。有的殘廢，有的皮膚潰爛。個個衣衫襤褸，面黃肌瘦，憔悴乾瘦，形狀十分狼狽悽慘，只好暫時全部收容在傳染病那幢病房裡，再一一檢查加以篩檢分類。

一九四六年五月郭維租由日本回台，這年夏天士林、社子流行霍亂，郭維租暫時向醫院請假，全力加入鎭公所遏止霍亂蔓延的醫療工作。也是這一次，家父放下診所的工作，和郭醫師以及衛生所人員，爲這次時疫的醫護工作奉獻心力，替病人注射鹽水針（當時還沒有抗生素），所幸那一次流行的細菌，毒性不太強，能夠及時遏止，十幾個病人中，只有幾個年老體衰的病患不治死亡。

可怕的鼠疫

這一年秋天，某一個禮拜天，楊雪樵和郭維租兩人正好在醫院值班。急診室忽然來了兩個(一男一女)發高燒的病人，說是剛從福建乘船來台，在新竹沿岸一帶登陸的。檢查後發現兩人鼠蹊淋巴腺都顯著腫大。女孩說她的身分是學生，生活規矩，不可能是性病。於是進行穿刺淋巴腺、染色檢查細菌，在顯微鏡下一看，這兩位年輕醫師都嚇了一跳，呈現在眼前的細菌竟和教科書中上的鼠疫(黑死病)一模一樣，連忙緊急處理，打電話報告小田教授。小田教授判定可疑，火速送往傳染病醫院治療，後來報紙也報導證實是可怕的鼠疫，還好不是傳染力強大的肺型鼠疫。其中一個治癒，一個死亡。幸好沒有傳染蔓延，因爲當時能用的只是硫黃劑，黑死病一旦變成肺型而急速蔓延的話，後果將不堪設想。

郭維租在台大醫院服務，每天勤勉地工作、學習。他對細菌感染症，尤其是肺結核相當關心，對瘧疾、痢疾、肺結核也投入許多心力去研究，這些病例算是比較常見的。沒想到畢業後短短一年間，就碰上了可怕的霍亂和鼠疫，這是令人談虎色變的時疫。從歷史上看，抗生素等有效遏制時疫的烈藥尚未問世之前，人類死於霍亂、鼠疫的遠超過死於戰爭中的人數！

新婚夫妻

返鄉半年，這一年(一九四六)十一月郭維租、王彩雲這一對醫師伉儷，攜手踏向紅毯，在社子的教堂結婚，暫時仍住在社子國小空下的一間宿舍。他的另一半王彩雲醫師進入迎婦產科就職，這家婦產科位於今天台北中山北路、長春路口，當時兩人上班是一起走路到士林、搭火車，眞是一切都是「克難」的時代。幸好，王彩雲醫師這邊有薪水，郭維租認爲這段靠太太維持生計的日子是：「上帝差遣烏鴉送東西給他吃」的辛酸而又甜蜜的悲歡歲月！

這對留學日本回來的年輕醫師，心裡知道大戰才結束的台灣，一切都等待建設，物質生活不可能太好，他(她)們開始很勤勉，認眞的展開工作。沒有想到陳儀來接收的局勢，會這麼糟糕！受過完整日本高等教育的新婚夫婦看到自己的故鄉回歸「祖國」之後的種種怪象，簡直嚇得目瞪口呆……。

想要了解不到三個月就發生的二二八悲劇，我們不能不追溯這播下的火種，其後捕殺、株連、白色恐怖，漫長的三十八年戒嚴，全盤改變了戰後的台灣生態，包括政治、教育、社會、人心、氣質，整個扭曲變形，留下的後遺症到今天還在產生各種病變！

失望・幻滅

歷史的追憶是苦澀而蒼涼的……。

台灣從五十年的殖民地桎梏中解放出來，全省籠罩在勝利的狂歡中。一般民衆張燈奏樂，大放鞭炮，沈醉在沸騰的喜悅裡。男男女女開始自動地學習國語（北京語），國語講習所、補習班如雨後春筍般林立起來。吾友葉龍彥博士把它稱之爲台灣人的「八月狂想曲」。因爲不久他（她）們的夢，很快地一次又一次幻滅了，變成泡影和夢魘，對「祖國」的期望越大，幻滅就越大。

這一年（一九四五）十月十七日陳儀的軍隊從基隆、高雄上岸。滿懷熱情的台灣人，看慣了軍裝畢挺、紀律嚴格的日本士兵，沒想到祖國的軍隊竟是腳穿草鞋、肩挑鍋釜、雨傘、被褥；連綁腿也綁不好的散兵游勇，這種破落狼狽狀，使每一個在歡迎行列的人，彷彿落入冷颼颼的冰窖裡。

這一幕鮮明、令人失望的景象，緊接著是大陸來的官員以統治者、征服者的高姿態，將台灣人民視爲殖民地次等國民。像東北、上海一樣把「接收」改編爲「劫收」。十月二十五日行政長官公署完成接收後，「龜腳」馬上露現，不久開始出現糧荒問題，情形愈來愈嚴重。通貨膨脹開始惡性循環，物價節節上升，竊案層出不窮，民衆由寒心變成恐慌，由苦悶而凝聚成民怨……。

接踵而來的貪污腐化，如嘉義化學工廠的貪污案，錢款高達舊台幣二億元以上，貿易局勾結商人，獲利竟達舊台幣億元以上，台北市教育界的舞弊也在舊台幣千萬元以上……這種搜刮錢財的作風，民間把它稱之爲「五子登科」（所謂「五子」指：金子、房子、車子、女子、位子），用以形容那些貪官污吏。大陸人迅速取代了戰前日本人的地位，絕大多數的高級公務員，本省人所佔比率微乎其微。經濟方面採取獨佔和壟斷的策略，政府控制了煤、糖、燒碱、食鹽的銷售，對內保留日本專賣局，掌控了樟腦、酒精、煙草、茶葉等主要商品。另設貿易局，以經營台灣全島的進出口貿易。公營事業無限擴大，加以用人不當，官僚貪婪、一味剝削，以往以產米和糖聞名世界的台灣，結果竟至米糧短缺，民生凋敝，造成嚴重的失業問題，埋下二二八事件的火種。孫中山所說的「天下爲公」，竟淪爲他們的「爲私」管道。眞是令人扼腕興歎！

慘劇發生

二月二十七日專賣局台北分局，查緝員傅學通等六人在台北延平北路查緝私煙，與四十多歲的女煙販林江邁發生爭執，查緝員想沒收林婦香煙，林婦以家計難以維生，跪地求饒。查緝員以槍管擊傷林婦，激起圍觀群衆的公憤，準備向查緝員興師問罪，在追趕中，查緝員開槍示威，擊斃了路人陳文溪。

翌日上午群衆聚集長官公署前請願，未果，群情譁然的市民群集於專賣局門口示威，衝入專賣局台北分局，將文卷器具抛出馬路焚燬，二二八事件遂一發不可收拾，蔓延全島，造成一場令人心碎、淌血的歷史悲劇。郭維租就在台大醫院窗口目擊這一幕慘劇掀起序幕！

二二八事件發生的時刻，郭維租在台大醫院服務，是二十五歲的青年醫師，筆者就讀士林國小二年級。爲了瞭解這樁不幸慘案的歷史背景，我大量閱讀了最近這些年出土的各種著作，報告和文獻。其中包括只呈現冰山一角的官方報告，和歷史事實尚有一段差距的賴澤涵、魏萼教授有關「二二八」的書籍，我都把它視爲水晶球的一面，當作研究參考的資料。接下來仔細重讀喬治·柯爾《被出賣的台灣》、吳濁流的《無花果》、《台灣連翹》、彭明敏的《自由的滋味》，阮美姝、陳芳明、李筱峰的著作。陳永興「二二八和平促進會」所編纂的《走出二二八的陰影》、《二二八學術研討會論文集》時報文化公司刊行的二二八叢書……。

這時我才算稍稍接近這歷史的傷口，並對六、七年來冒著生命危險，投入二二八和平運動的陳永興醫師深深萌生崇高的敬意。

在這場浩劫裡，根據最保守的估計，有兩萬人以上的台灣菁英、青年學生以及無辜的人民，被陳儀政府軍和南京國民政府的援軍殺害。其他爲此事件株連遭到傷害、逮捕、酷刑的人一時無法估計。以當時台灣六百萬人口計算，大約三百個台灣人中就有一名被殺害，而台灣菁英群裡，醫學界如施江南、張七郎父子、郭章垣、黃朝生、簡錦文、潘木枝、蔡國禮、盧鈵欽……法學界吳鴻麒、林桂端、林旭屏……文化界林茂生、陳炘、阮朝日、陳澄波、蘇憲章、陳能通、王添灯、宋斐如、王石定、楊熾昌、蕭朝金……等在二二八事件前後消失了。

宣布戒嚴

一九四九年五月十九日起進入「臨時戒嚴」時代，直到一九八七年七月十五日零時才宣布解嚴，創下長達三十八年之久的世界「戒嚴」記錄，使台灣在戰後籠罩在白色恐怖時代獨裁統治的陰影下。筆者服務的中學，有一位教歷史的莊老師，因爲在課堂上對「領袖」二字做了較詳細的詮釋，激發了學生不必要的想像力並向當時服務於陽明山管理局的父親告了一狀，後來莊老師以「思想有問題」的罪名辭職離校。假如我的記憶沒有錯，莊老師當年在課堂的講話內容如下：「『領袖』是我們衣服的領子，所謂提綱挈領就是抓好領子，衣服就能又稱又直，不過領袖也是最容易弄髒的地方……。」這番解釋引起學生的「猜想」，認爲這位老師弦外之音，似在影射誣衊最高領袖，天啊，如果這樣也能羅織入罪，想要給人戴帽子坐牢，何難之有？

以軍隊鎮壓手段使二二八成爲歷史悲劇的罪魁陳儀，事件過後，非但未受處分，只是被調回大陸，而且奉蔣介石任命陞任浙江省主席。後來因預謀投共被發覺，才被帶回台灣在新店槍決，因此陳儀之死並不是以二二八事件元凶之一定讞槍斃的。

屠夫無恙

二二八事件成爲有力劊子手的彭孟緝、史宏熹、柯遠芬、劉雨卿、張慕陶……人民之敵林頂立、劉啓光……也無一定罪，而且反而因爲屠殺、鎭壓有功，一路平步青雲位居高官，想來眞令人扼腕浩歎！

前幾年，八十多歲的「高雄屠夫」彭孟緝在一封公開的信函裡，仍然坦率地表明自己忠於職守，克盡軍人的職責，做了他應該做的事。筆者不知道這位劊子手是否看過「紐倫堡大審」這部電影?!他口口聲說自己奉「上級」的命令，這樣就可以濫殺無辜嗎?那命令他屠殺百姓的「上級」能逃脫歷史的責任和裁判嗎?

二次大戰後逃過紐倫堡大審的蓋世太保頭目艾克曼，戰後開始了十幾年的逃亡生涯，最後還是被一個猶太裔的青年逮捕，送回以色列。這個猶太青年全家死於艾克曼之手，他是僅存的活口，當時這個孩子只有九歲。他曾發下誓願，只要一息尙存，天涯海角，務必要把這名殺人魔王捕回定罪。

艾克曼後來被送往一九四八年五月十五日宣布立國的以色列，接受公開審判。彼時，年近七十垂垂老矣的艾克曼，坐在防彈玻璃的受審席位上，因耳朵重聽，戴著助聽器。當法官問他屠殺六百萬以上的猶太人是否有罪時，艾克曼和彭孟緝的答辯如出一轍：「做爲希特勒手下的忠誠部屬，我只有採用最快捷的手段完成上級的命令，因爲貫徹紀律乃是軍人的天職……」在席上聆聽判決的猶太人，血脈沸騰，眞想食而呑之。

以色列原無死刑，可是最後還是通過絞刑，把這位至死無悔，冥頑不靈的殺手屠夫送上西天！不，應該是地獄吧！

李勝雄律師在〈論政府對二二八事件應負之責任〉一文中這樣沈痛地指出：「要徹底醫好二二八事件的創傷，政府必須拿出誠意，付諸實行，除公佈眞相，公開道歉及建碑定日紀念外，對受害家屬應予以一定金額之補償。由受害家屬登記，經公正審查屬實後，即予以列名追念並付予撫慰金。江南案件受害人劉宜良（江南）的遺孀崔蓉芝都能拿到一百四十五萬元美金的賠償，那些莫名奇妙慘死甚至屍首無存的二二八受害人家屬更有權利要求充分的補償。這是應該的，社會已經有了共識。

如果要求受害者饒恕殺害他們的兇手，就應要求兇手們認罪悔改，否則不但不公平，也糟蹋了饒恕的美意。受害人不報復亦不要求法律制裁，已是寬宏大量，如果那些兇手始終沒有悔意的表示，受害人如何饒恕他們？只有讓他們接受上帝的審判。江南命案的受害遺孀之能原諒兇手，因爲兇手已被判刑入獄，受到一定的懲罰。二二八事件受害人無數，卻無兇手爲此受罰，政府應爲他們公開道歉或出面謝罪，才能平息被害人的積恨。兩相比較之下，二二八的受害人何其不幸之至！二二八事件最可惡的是，菁英受害，省籍歧視、民主受挫、許多地方名人爲平息衝突，出面與當局協調時，竟遭逮捕，監禁甚至殺害，似乎是有計畫地消滅當時台灣的菁英以便使他獨裁專制利欺壓的政策得逞，導致台灣民主運動長久缺乏足夠的領導人才，其損失之大，實難以估計。……」

理想主義者的告白

回顧將近半個世紀的歷史悲劇，做爲一個台灣人，內心眞是無限沈痛。一生樂觀的理想主義者彭清靠（彭明敏先生的尊翁）在親眼目睹「高雄屠夫」彭孟緝殘酷的屠殺之後，深深陷入痛苦和絕望之中。他精疲力竭地回到家裡，足足有兩天沒有吃東西，情緒跌入谷底，美夢徹底幻滅了。彭清靠先生從此再也不參與中國的政治，或理會中國的公共事務了。他痛切嘗到一個被出賣的理想主義的幻滅感。到了這個地步，他甚至揚言爲身上的華人血統感到可恥，希望子孫與外國人通婚，直到後代不再宣稱自己是華人。

像彭清靠先生這樣經歷這場屠殺之後，痛切感到絕望和幻滅的台灣知識分子一定爲數不少！

至於筆者認識的七十歲左右長輩，有很多人是親眼看過基隆河、淡水河、愛河、西子灣的浮屍。那些面目全非的屍體，大多被用鐵絲串通腳盤，捆綁在一起，抛入河中，有的顯然在被槍殺之前飽受酷刑，有的被割去耳鼻和生殖器，再遭槍刀刺死，有很多到現在根本找不到屍體。這是什麼世界?!什麼「祖國」?!

對這樣的歷史悲劇，俞國華在答覆張旭成教授的質詢時，竟作了如下的回答：「民族和民族的紛爭，自古已有，當年滿洲人入關殺了很多漢人，滿洲皇帝也未向漢人道歉。」這是什麼鬼話?從這段說詞可以看出，談話時擔任行政院長的俞國華認爲二二八事件是一個民族對另一個民族的「種族屠殺」，是統治者對被統治者的鎮壓，基於這種心態，他才會比喻不倫，妄以「滿洲皇帝」來自比國民黨，並且認爲沒有必要向台灣人道歉。他還算是「老實」呢！這是不經意溜嘴的「心聲」吧！

陳芳明指出俞國華「誠實的招供」，表明了國民黨一直把台灣人當作殖民地異族看待，國民黨在台的執政，乃是一種外族統治。他的談話正說明他是以長期統治階層孕育的心態發表這種看法的。

號稱萬物之靈的人類之所以能踰越動物的本能，進入精神層面的領域，主要取決於他的思想。正由於這靈明的思考能力，人類才得以一天一天遠離動物界的野蠻性以臻人性的境界（其實以人類豢養的愛犬而論，牠們表現出來的忠誠，在在令人類愧無容身之地。被許多人認爲兇猛無比的獅、虎在餵飽美食之後，仍可調教馴服如綿羊）。然而從歷史中去印證，最大規模的屠殺，最驚人可怖的凌虐，最冷血的趕盡殺絕，多半出於人類之手！

記得十幾年前內子鍾玉澄翻譯了一篇美國著名記者約翰·根室的報導〈非洲叢林中的聖者——史懷哲〉，寄出的稿子附有一張史懷哲側臉的素描，這篇譯稿在《大同半月刊》（現改爲《大同雜誌》）刊登後，當時的主編，日後創辦文經出版社的吳榮斌先生，後來見面時談到這張素描。他說幸好在素描下註明是史懷哲畫像，因爲當時他心裡嚇了一跳，蓄著鬍子的史懷哲側臉，簡直和史達林酷肖之至。如果說他們是孿生子，也不爲過，但一個是獻身非洲蘭巴倫，至死不渝的人道主義者，另一個卻是殺人不眨眼的冷血屠夫！

家兄就讀台北二中（戰後改爲成功中學）時的知友林信一先生（後來畢業於台大地質系，赴美留學獲博士學位，成爲著名的地質學家，其弟林信二台大物理系畢業，也在美國獲物理博士學位），中學時代常到家父開設的「士林診所」來玩。當時我仍就讀士林國小，不知道原來林信一兄的父親，就是二二八事件的受難者林桂端律師。後來林伯母茹苦含辛培育這一對傑出的孩子，使他們雙雙遠離這個涕泣之谷，找不到自己父親屍骸的故土，日後這一對昆仲都在學術界成爲著名的學者，筆者從未見面的林伯母已在一九八四年悄然含冤離開人間，痛哉！

做爲一個精神科醫師，多年來無怨無悔，無畏無懼，全心致力於二二八和平促進會運動的陳永興醫師，他深知這個歷史悲劇，經過四十年來官方刻意扭曲、壓抑，使整個事件籠罩於陰霾中，沈澱在台灣人民的心中，不停地發酵，形成台籍與外省人無法解除的心結，使大家無法眞正和平的相處。他知道只有誠懇地呈現歷史的眞相，把它攤在陽光下曝晒，這個壓抑在暗角的霉菌，才不會病變轉爲致命的惡性腫瘤，有了「心病」諱疾忌醫絕非良策。這些年來他的帶動和呼籲，使這項運動有了可觀的具體成績。這位一再面對大家不喜歡面對、一再投入大家最禁忌的問題，但是從不居功的社會運動者，一九九三年底接受民進黨的徵召，參加花蓮縣縣長的選舉，光榮落選，一九九五年十二月三日他終於在選舉中爲民進黨贏得一席立法委員，相信不久花蓮的鄉親將會證實他們寶貴的選票推出的陳永興，絕對不會讓他們失望。每一次想到一次又一次把夫婿奉獻給台灣土地的陳琰玉女士，心裡禁不住湧出祝福和敬意。台灣在邁向民主康莊大路的奮鬥征程上，確實要需要這樣的傻子！

難怪在美國創辦台灣出版社，有「台灣文化產科醫生」之譽的林衡哲醫師會這樣說：「陳永興不但是醫治病人的精神科醫師，也是全體台灣人的精神科醫師。」

鐫刻在嘉義市彌陀路的二二八紀念碑上的聖經經句如下：（彌迦書四章：3～4）

「要解決民族間的糾紛，
排解列強的爭端。
要把刀劍鑄成犁頭
把槍矛打成鐮刀。
國際間不再有戰爭，
也不再整軍備戰。
人人要在自己的園中、樹下
享受太平；
沒有人會使他們恐懼。」

一九九五年二月二十八日李登輝總統針對二二八的歷史悲劇，在二二八紀念碑前公開道歉，受難者家屬代表林宗義教授當場表示肯定，民進黨總統候選人之一彭明敏教授曾以「讓悲劇在道歉聲中落幕吧！」爲題做了如下的表示：「對台灣社會來說，這的確是一個很好的轉機。既然政府已經承認錯誤，那麼在這個大前提之下，很多問題就容易解決了。其一是碑文的內容，可順勢依民間版來擬定。其二，二二八錯誤的決策總是由人做成的，而不是行政官署的建築物或某個辦公室，所以仍應繼續歷史的追究，找出是誰或是那些人做成決定。這並非基於報復的心理，而是要了解歷史眞相，確定責任的歸屬。其三是賠償的問題，也應早日完成立法程序。……台灣族群問題正在日漸淡化中，除非是有人刻意挑起，否則再經過一兩代就也不會再有問題了。最近老有人說這個族群或那個族群有危機感，其實要避免這個問題，最根本的方法就是儘早建立起法治。

歷史悲劇是可以被理解、寬容、原諒的，但是歷史卻不可以忘掉，我們應該繼續從各個方面來研究這個事件，記取教訓。死者已矣，我們唯有從歷史教訓重新出發，才能進一步把悲劇變成進步的希望，把怨恨化爲寬容和團結，把絕望昇華成具有達觀的遠見，進而攜手把台灣建設成一個更好的社會。」

這段文字確實值得我們深思，忌疾諱醫、刻意掩飾或以不同的謊言版本，堵塞歷史的傷口，只會使舊傷發膿復發，演變成不可收拾的絕症，想要袪除大家心頭的疑雲和陰影，只有讓歷史攤在陽光下接受理性的療痛止傷才是上策！

一四、噤聲年代

這位以「送報伕」一作躍登文壇的楊逵在日據時代，酷似聖雄甘地，他和革命情侶葉陶女士，進出牢獄有如家常便飯，誰知後來竟以短短幾百字的「和平宣言」，在綠島坐了十二年黑牢！

回到台灣，進入台大醫院服務只有九個月，就經歷了震撼全島的二二八事件。這對郭維租是莫大的衝擊，因爲來自同一種族的屠殺，而且鎮壓手段又那般殘暴，看起來有如計畫周密的全面肅清，所以格外令這位年方二十五歲的青年醫師感到震驚和悲痛。果然，爾後將近半個世紀台灣進入「一言堂」的蔣氏王朝時代，這種白色恐怖肅殺的氣氛，伴隨神話的獨裁強人統治，使台灣的政治在扭曲的生態下久久停滯不前。

「送作堆」的結果

翁金珠委員把自己出生的年代——一九四七年稱之爲「大黑暗時代」，她很銳利地指出這是戰後荒謬、貪婪、粗暴的「劫收」造成的歷史悲劇。如果不是種種因素的累積，絕不可能發生如此震驚中外、慘絕人寰的大屠殺悲劇，「沒有大黑暗時代，就沒有大屠殺時代；前者是因，後者是果」，旨哉斯言！

戰後歡天喜地回歸祖國的亞細亞孤兒，五十年久別重逢後的蜜月期爲時甚短，結果面對的卻是民生蕭條凋敝，嚴重失業，治安混亂，通貨膨脹，人材錄用不成比例，耿直之士遭到除滅、貪污腐敗的官僚搜刮民脂民膏……然而在歷史命運中一再被遺棄出賣的孤兒，如今面對此一處境，進退維谷，內心充滿矛盾、痛苦和掙扎。因爲台灣人既不能退回再做殖民地時代的日本皇民，也無法繼續投靠這個無德無能，表裡不一的母親，這正是當時幻滅的台灣人心情的寫照。

民間二二八研究小組召集人，台大歷史系教授鄭欽仁博士，對於這樁歷史悲劇也有精闢的剖析：「二二八事件這齣歷史悲劇實在是由於強迫把兩個互不了解，甚至彼此誤解的社會『送作堆』的結果，這是戰後一個相當嚴重的問題。日據時代，台灣人由於不願被日本外族統治，因此對「祖國」產生了相當程度的幻想與期待。戰後，台灣人於是以熱烈「歡迎祖國」的態度來接受國民政府統治。當時對中國大陸了解的台灣人很少，有一小部分的知識分子或曾到大陸的台灣人，曾警覺到回歸祖國可能會造成台灣的災難。但是，普徧而言，民衆對於所謂的「祖國」抱存幼稚的幻想。

台灣人當時對於「祖國」的印象仍停留在一八九五年乙未割台的「唐山」。事實上，唐山與中國政府是完全不同的，台灣人卻由於對祖國的期待，把中國過分美化了，完全忽略隔離五十年的台灣與中國已有不同的文化發展，這種文化差距與衝突就是造成戰後，台灣社會制度動盪不安的主因。……」

無疑的，更可怕的是二二八事件全面鎮壓、屠殺和肅清後留下的後遺症。郭維租繼續在台大醫院不支薪水的情況下工作，並在啤酒工廠兼職，而以這份薪水貼補家用。

一九四七年秋天在日本引介郭維租，見到矢原忠雄的陳茂源學長，在北投開始了禮拜集會。十月長女郭敬惠出生了。這是郭維租伉儷的第一個孩子，新生命平添了活力和生氣。翌年在台大醫院第一內科擔任助教，並搬往現在金華街的台大宿舍。不久長男汝容誕生，這是他們後來五個兒女中唯一的男孩。筆者曾私下問過郭維租醫師，他們的四個女兒依長幼排名是：「敬惠、順惠、慈惠、信惠」，可以了解這一家蒙受主恩的家庭，以「敬、順、慈、信」爲他們的女兒命名，至於長男「汝容」的名字有何含義呢？郭維租告訴我這個名字是陳茂源教授取的，意思是說孩子是上帝賞賜，看到孩子的臉龐，彷彿見到上帝的容顏。

傅校長和錢校長

一九五〇年，台大醫院由德日制改爲美國制，內科合併。郭維租出任第一屆總住院醫師(C. R. Chief Resident Dr.)內科有三名CR。這時著名教育家、學者傅斯年先生出掌台灣大學校長，在傅校長和魏火曜院長大力整頓之下，醫院也出現了生機和元氣。傅校長還常親自巡察醫院，有一次並把幾個裝病、長期免費住院擔任特務工作的職業學生趕走。很可惜這樣一位有爲有守的教育家，只擔任兩年校長，便在議會受質詢時，由於對方無理的抨擊，一時氣憤，因高血壓中風而猝然病逝。後來由錢思亮博士接任台大校長，他是一位化學家，幾位公子都很傑出；錢純曾活躍在財經界。錢煦攻讀醫學生化，爲中央研究院院士。錢復是現任外交部部長。郭維租印象最深的是錢校長伉儷鶼鰈情深，錢夫人當時因病，長期在內科住院，錢校長常常帶東西來內科病房探視夫人，夫妻情深意摯，流露在不經意的一舉一動裡。

白色恐怖

過了三年(一九五〇年)，二二八事件以後延續下來的「白色恐怖」時代，對所謂「政治犯」、「思想犯」窮追不捨的逮捕、槍決毫不放鬆。台北高校的校友，也是攻讀醫科的郭琇琮，許強、吳思漢，還有東大醫科唸一年回到台大醫科，畢業後進入內科服務的葉盛吉等一一被捕繫獄，後來慘遭槍殺，何斌則逃往大陸，日後客死異鄉。胡鑫麟(小提琴家胡乃元之父)則蒙冤判刑後監禁綠島多年，釋放後曾一度在日本行醫，現旅居美國。翁廷俊是蒙傅校長救援才僥倖活命的。

郭琇琮是筆者故鄉士林的望族，從小進入日人貴族「樺山小學」就讀，曾因斥罵到校視察的日本郡守而名噪一時。之後由台北一中(今建國中學)而台北高校。畢業後赴日本，以第一名考上東京工業大學。由於父親堅決反對，強迫他回台考入台北帝國大學(今台灣大學)醫學部。他無論騎馬、游泳、田徑、文學、音樂和思想都表現了早熟、耀眼的才華。這個有強烈民族主義色彩的青年，曾利用暑假渡海到對岸的祖國旅行考察。一九四四年即因與同學蔡忠恕在台北帝大發展漢民族意識的學生聯盟及抗日組織，被日本憲兵逮捕，判刑五年。獄中曾遭日本人刑求，肋骨被打斷，入院接受手術，切掉化膿的肋骨，治療後才逐漸康復。對社會主義懷著憧憬的郭琇琮，戰後出獄回學校補考，通過畢業考，成爲戰後台大第一屆醫學系畢業生，而且積極地投入全省巡迴醫療、社會調查和公共衛生的工作。然而這個懷著史懷哲之夢的青年醫生，在面對陳儀體制的貪污、腐敗，他的思想一度陷入無出路的苦悶中，終而繫獄喪生。

出身台南佳里，台北帝大醫學部第一屆畢業生的許強，二十七歲獲得博士。被日本人譽爲有實力問鼎亞洲第一個「諾貝爾醫學獎候選人」的許強，也是台北高校出身，台南白河人的吳調和（思漢），就讀日本京都帝大醫學部，曾赴中國大陸投身抗日工作，回到台灣後放棄醫生工作參與勞動運動，這些秀異的知識分子，都以不同的關係和深度介入一九四七年的民衆蜂起的事變，不幸在一九五〇年的政治肅清中被剷除。

和郭琇琮同屬於士林協志會成員的何斌，比郭琇琮在台北高校、台北帝大高了三屆，無論在文學、哲學、藝術方面也都擁有傑出才華。何斌在目睹戰後初期接收所呈現的腐敗貪婪、粗暴的官僚獨佔作風，很快就陷入絕望和幻滅，輾轉從香港遁入大陸，尋找新的民族認同，前幾年在大陸病逝。

病人和醫師的關係

一九五〇年，郭維租的次女順惠出生，這是他們夫婦第三個孩子，翌年他陞任內科主治醫師。

回到故鄉，進入台大醫院服務之前，郭維租在東大坂口內科進修了一年多，這些臨床經驗對他日後懸壺濟世，助益甚多。

郭維租在坂口內科服務期間，當時仍在戰爭時期，民生艱困，物質匱乏，這時醫院裡住著一個從鄉下來東京治療的病人。有一天家人老遠趕來探視病情，探病的婦人問了郭維租醫師一些病情和醫療的情況後，一再深深鞠躬致謝。然後輕聲請郭醫師到外面院子的樹蔭下，從布質的包袱裡拿出一個便當說：「對不起，這是我們鄉下自己田裡的小土產，不成敬意，先生不嫌棄的話請接受我們這一點心意。」郭醫師接了那個便當，心裡十分感動。當時東京糧食缺乏，純樸的鄉下人，爲了向醫生表示眞誠的謝意，迢迢千里，帶來家裡自己出產的東西表示敬意。那種人與人之間，醫生和病人之間和諧的信賴感，便建立在這種彼此尊重的情分上，二者之間絕對信賴，這樣的關係那裡會有什麼醫療糾紛呢？

後來醫院裡也遇到重病不治的病例。對於在醫學之路探索的醫生來說，病理解剖是了解病情，在醫學上尋求突破的重要關鍵。但是病家已經發生不幸，病人在此走完人生最後的旅程，這種時刻向他們開口說出想進行病理解剖的請求，似乎十分爲難，但是郭維租發現大多的死者的家屬都能諒解醫生的心意：「病人住院期間，得到各位先生全力悉心的治療，護士們親切的照顧，我們十分感謝，相信病人也知道你們盡了最大的努力。如果病體的解剖能對醫學研究有點貢獻，相信死者也能諒解，我們願意把遺體交給院方做醫學解剖……。」遺族能這樣充分體諒醫院的立場，對主任醫師，實習的年輕醫生一視同仁予以敬重，這使郭維租留下難忘的印象，日本醫學的進步不是沒有原因的。

又有一次，郭維租住處附近有一個罹患重病的人，郭維租去診察時認爲大概是肝腫瘤癌，病人體力上顯得很衰弱，這種情況要施行外科手術，身體恐怕受不了。病人和家屬都希望能在東大內科入院治療，當時化學療法尚在萌芽起步階段，郭維租替他辦了入院手續。住院不久，由於體力衰竭，還是在醫院過世，但病人和家屬仍然很感謝郭醫師能爲他們實現心願，在東大醫院接受最好的治療和照顧，還是感到很滿足。

踏向歸鄉路，進入台大醫院服務的郭維租，發現戰後初期的台灣社會，以征服者姿態來接收的官僚，對待醫生、護理人員的態度十分粗暴，簡直和命令俘虜營中的軍醫一樣，有一次竟然這樣對醫生說：「要好好醫治喲！只許成功，不准失敗！」聽了這種不講理的蠻橫態度，眞會氣得七孔生煙！

禍從口出

記得有一次旅居加拿大溫哥華二十多年的好友陳錫疇博士，告訴我胡鑫麟醫師在台大醫院服務時，王民寧少將去台大看病不肯按照順序，想要插隊看病護士不肯，兩人就吵鬧起來。這個自稱少將的患者，穿短褲，衣服不太整潔，患者胸前有階級標誌，看上去也不知什麼階級，另一個眼科醫師說，「管他是不是少將，反正按照順序來。」

後來才知道此人果然是王民寧。最糟的是，他帶著太太在旁，覺得沒面子，惱羞成怒的結果，林醫師和胡鑫麟醫師都因此被逮捕。

關了兩、三天，二人雖然由家人寫了切結書後釋放。林醫師警覺性高，後來逃跑避禍，四十多年來不知行踪。胡醫師則在二二八事件後的一九五〇年在台大醫院每週例行主任會議上和許強醫生同時被捕，後來許強被判死刑，他判十年有期徒刑，和楊逵等人成了火燒島第一批政治犯，（請參照玉山社印行胡慧玲著《島嶼愛戀》）至於在白色恐怖時代受到株連繫獄，冤死的政治犯到底有多少，恐怕難以統計。柯旗化先生只因被學生認爲是一個極具熱情、又能啓發學生的好老師，結果去綠島關了十幾年。他曾用日文寫了一本《台灣監獄島》爲自己充滿悲情的一生做了辛酸、動人的告白，當他寫到最初被捕審訊時，要他招供認罪時，那些欲入人罪，何患無辭的鷹犬，竟喝斥他：「單看你的名字『柯旗化』，就知道你父母也是思想有問題！不然怎麼取名『旗化』？旗化就是更換國旗，改變國體，正是叛逆份子，一點不錯！」

柯旗化聽到如此荒謬的栽贓，自知秀才遇到兵，必死無疑。原來因爲父母親一個是旗山人，一個是善化人，爲紀念故鄉原籍命名「旗化」，孰料會有如此驚人、荒謬的推論!?

至於當年也踏上綠島政治犯囚船的作家陳映眞，審訊時被發現閱讀書籍中有法國文豪左拉的小說。一個人會讀「左拉」的作品難怪思想會中毒，順理成章變成「左翼份子」！天啊，這是什麼邏輯？

坐牢二十五年的魏廷朝，第一次繫獄。審訊時要他認罪寫悔過書，正直不屈的魏廷朝不但不寫半個字表示懺悔，反而乾脆以反諷的語氣如此回答：「父母親既然命名我爲『廷朝』而不作『朝廷』，大概就是注定我要推翻『朝廷』，務求改朝換代而後已……你們就判我有罪吧！」

這些荒謬奇譚並不是筆者刻意杜撰用來博讀者一粲，而是亞細亞孤兒——台灣人遭受宰割的寫照。

五〇年代，文藝雜誌《野風》主將之一勞影（原名王復古，已在五、六年前過世）因爲在他的長篇小說《黑世紀》裡，出現了這樣的對話：「一個將軍有什麼了不起，老了就不中用啦！」結果被認爲有影射之嫌，小說上市不久全部被沒收，而且又坐了一年黑牢。

一九八二年四月一日筆者大學時代的恩師徐復觀教授病逝台大醫院，並在台北耕莘文教院舉行了一場追悼紀念會。當時七十多歲的台灣老作家楊逵先生，上台報告他在東海花園當園丁時，如何和徐教授訂交的一段往事。時間往前追溯，便回到他在二二八事件後不久，他所寫的那篇不滿千字的「和平宣言」，呼籲大家不分省籍，相親相愛，攜手共建台灣家園。結果這篇文章使他在綠島度過十二年漫長的歲月！當時面貌清癯的楊逵老先生用台語演講，由王曉波教授（台大哲學事件受害人之一）擔任翻譯：「我在綠島做工的時候，常常會看到八個很醒目的標語牌：「忠」、「孝」、「仁」、「愛」、「信」、「義」、「和平」，這時我一定會木然地把目光久久停留在「和平」那兩個大字上，因爲我就是爲了這兩個要命的字眼，因這幾百字的文章流放監禁在火燒島（綠島原名），坐了十二年牢，這應該是世界上代價最昂貴的稿費吧……。」這一段話由七十多歲的老作家口裡說出來格外令人心酸。這位以〈送報伕〉一作躍登文壇的作家，在日據時代，就像印度聖雄甘地一樣與他的革命情侶葉陶女士，進出牢獄，有如客廳走入廚房一樣當家常便飯，但沒想到坐國民黨的黑牢一關竟是十二年！

國民政府似乎認為敢於反抗日本統治的台灣志士，必然也會反抗國民政府——這是什麼鬼邏輯？所以在他們的頭上一一蓋上了「叛亂份子」的戳記。在這樣嚴密獵捕之下，寧可錯殺，也不允許輕易放過一人，戰後很多台灣菁英，便這樣一個一個消失了。

當然不是初期來台負責「劫收」的大陸人士，淸一色都是這樣的。擔任台大校長兩年，死於任內的傅斯年校長是一個有擔當、有魄力的教育家。有一次，傅校長蒞臨醫院，宴請全體醫院幹部，他似乎很了解有些特權和軍警人士，常常狐假虎威，使院方備受壓力和委屈。因此在宴席上他對醫護人員幹部這樣說：「請各位鼓起勇氣，憑著醫學良心來做事，如果外界有什麼不當的干涉、批評，由我來承當好啦！」說到這裡，傅校長又打趣地說：「今晚拜託諸位大夫高抬貴手，讓我好好飽餐一頓。現在我是以同事的身分而不是病人，況且在家裡老婆平日盯得很緊，好吃的東西都不准我吃……。」

郭維租在台大醫院前後服務了六年。後來當過台大醫院院長的魏火曜，高天成在那時也常成為箭靶。有一次病患家屬還公然詈罵台大醫院病人死亡率高，言下之意，好像台大醫院的醫生都是殺人的劊子手似的。他們心態上根本就懷疑醫生不肯盡心治療病患。這種妄自尊大的粗暴態度和懷疑醫生的情結，實在離奇荒謬。醫生本來就以救人爲職志，如果要當屠夫，何必進入醫學院苦讀那麼多年?!

當時台大醫院也是名氣最響亮的一家醫院，很多病人送到醫院時，已經氣若游絲。雖經全力治療，最後還是回天乏術，這怎麼能歸罪於醫生呢?病人和醫生之間原本應該建立在互信、互重、互諒的關係上。做爲醫生絕無心存叵測，草菅人命的心念。把病人迅速送上西天，豈是醫生的天職?

總之，在這樣的氣氛下工作，經歷了可怕的二二八事件，看到一些同事一個一個像野狗一樣被捕殺，心裡當然感到痛苦和絕望。

回到祖國的代價，竟然是這般慘痛，想到這裡，一陣涼颼颼的冷意爬上脊骨。其實戰後回台灣時，東大一位要好的同學黑岩君(後來任九州大學教授)曾爲郭維租的返鄉擔心，勸他暫時延緩，觀望一下比較好。經過六年的磨鍊，郭維租辭去台大醫院主治醫師的職務，擔任私立林本源博愛醫院內科主任。

三女慈惠在這一年(一九五二)出生——這是他們夫婦第四個孩子，這時他們搬家，暫且住在醫院宿舍裡。

五〇—六〇年代，台灣的經濟、教育、文化逐漸蛻變，交通工具由腳踏車、三輪車到計程車。進入七〇—八〇年代，則是滿街飛馳的私家轎車。郭維租的故鄉，台北市郊的社子、士林一帶偶爾出現的牛車，則是代表舊時代最後歷史印記的標誌。五〇年代，牛車還是島上最重要的運輸工具，舉凡搬運笨重或大量物品都非依靠它不可。至於田間搬運農產品，則以人力四輪拖車(Rear Car 里阿卡)爲主。現在四十歲左右的人，在小學時代，上學時脫下破舊的家常便服，穿上尺寸不合身，平時捨不得穿的黃卡其制服，多數鄉下的同學，還光著腳丫子到學校。途中遇到牛車，這是最高興不過的事，知道趕牛車的老伯不給坐，就神不知、鬼不覺偷偷吊掛在車尾搭便車。手酸了，就下來走一段路喘口氣。趕上去如法炮製一番，這樣反覆再三，不久便抵達學校了。

這是五〇年代台北市郊最後鄉景的實影。

一九六六年，台北市人口已多達一百一十七萬餘人，而且成爲全台灣政治、經濟、文化、教育、商業中心，成爲國際知名的大都市。七月一日實施改制，高玉樹被任命爲台北首任直轄市長，基於自然形勢和台北水源需要，以淡水河、新店溪爲界，將原屬台北縣之北投、士林、內湖、南港、木柵及景美六鄉鎮，一併劃爲台北市轄區。

滄海桑田，劍潭邊的基隆河變成車水馬龍的基河路，社子島改頭換面，與昔日舊觀迥然不同。

優美、澄澈的淡水河，變成一條污濁黑色的臭河。

一五、社會上的傻子

這個社會精打細算的聰明人越來越多，財富成了社會權勢或地位的標誌，願意爲別人奉獻、服務的傻子成了「稀有動物」或不合時代潮流的異數。……

離開服務六年的台大醫院，守法不肯霸佔公家宿舍的郭維租，不久便搬到博愛醫院宿舍，在私立林本源博愛醫院擔任內科主任。我心裡常常想：夫婦都是醫生，而且出身東京名校的醫學部，他(她)們二人組織了家庭，如果要憑醫生這個「鐵飯碗」的行業來賺錢，在當時醫生還不是很多的台北市，想在幾年間擁有華屋巨廈應該也不是難事。

溫馨的天方夜譚

王彩雲醫師以家境優裕、從來沒吃過苦的「千金小姐」，下嫁給東京帝大名校出身卻矢志當「鄉下醫生」的郭維租，然後在漫長的日子裡心甘情願地過這種小康的日子，筆者認爲眞像一則「天方夜譚」！因爲東大畢業，在坂口內科又進修一年，且在台大醫院升到內科主治醫師，這時家裡有四個孩子，家計負擔不小。按照常理推斷，郭維租的條件和能力都足以獨當一面，開業行醫來增加家裡的收入。結果他辭去台大醫院主治醫師的職位，又進入林本源博愛醫院服務，夫婦倆還是靠兩人的醫生薪水過日子。郭維租醫師夫婦常自嘲他和王彩雲醫師都是古板的人，精打細算，企業管理原非二人所擅長。不過我知道他們伉儷都是日本一流醫科大學的高材生，後來五個兒女都成為醫生(其中二位牙醫),他(她)們的智商和自然科學水平,可說已達社會上一流標準,他們那裡會連簡單的「成本會計」都不懂呢?閩南諺語說:「用膝蓋去推想也知道!」一家人都信主的郭家,他們這一對醫師伉儷早在建立家庭的時候,就不打算在世俗中累積財富,在地上的錢財只要夠用,小康就行了。有一本看不到的帳簿在「天上」,一筆一筆記著他們不求回報的善行,他(她)們所行的善,不求酬報,貧苦病人賒欠的帳,也從來沒有想要索回,日復一日,每天勤勉地工作,卻永無致富之日。

史懷哲之友

五年半前筆者從中正高中的教書工作退休,毛遂自薦去老朋友張清吉先生的志文出版社新潮文庫擔任編輯(這個位置如果想憑招考,無論如何是輪不到我的——以我的條件,大報社也用不到我這個出清「陳貨」,我這樣寫完全是眞心話)而且同時接下了「史懷哲之友聯誼會」總幹事的職務。記得蕭東浩長老要移交給我的時候,我曾向郭維租會長說,一年編二—四期會刊或會訊,難不倒我,不過辦兩次紀念活動和管帳,在我而言卻是苦差事。

郭會長當時也說要一年象徵性的支付我一點車馬費。我當時心想：接下這份工作只是因緣際會，這個團體以法國昆士巴赫(Günsbach)「史懷哲紀念館」爲中心，目前全球設有「史懷哲之友聯誼會」的國家已經有五十多個。台灣「史懷哲之友聯誼會」於一九七六年成立，第一任會長是陳五福博士。在台北市成立時參與的會員有：陳五福、郭維租、杜聰明、郭馬西、彭淑媛、吳震春、陳庵君、施教正、吳建堂、許鴻源、施純仁、高俊明、翁修恭、謝禧明、蔡武甫、施義勝、鄭泰安、賴允亮、陳映眞、王拓、陳永興……。

會員最多的時候不超過二百五十人，一度降到數十人而已。現在基本會員又增加到三百人左右，這份會刊每期印一千本(一〇〇頁左右)，採用陳永興夫人——陳琰玉女士的建議，改用再生紙，寄贈全國大學圖書館及會員、教會或文教基金會，讀者親友反應不錯。

一筆呆賬

有一次，我向郭會長說：「總幹事的職銜，我配不上，我自稱『義工』好啦，不支領車馬費。郭會長你不知道我從小數理特別差，考入東海大學經濟系，微積分和會計學被當了，差點被踢出校門。太太聽到我接下《史懷哲之友雜誌》的編輯工作時還很放心，但是知道我負責會員捐款帳目時，大驚失色……這會是一筆只有上帝知道的呆賬哪。」

郭維租夫婦聽到我這樣的解說一點也不驚慌。他泰然自若的說起後來開業行醫的經營情況，好多位居高等的長輩公然提醒他：「郭醫師您是個醫術精湛，實力派的好醫師，但是您這樣子開醫院，不可能成爲收入高、名氣響亮的名醫。做人不能這樣，太傻了，要用點腦筋啊！」

郭維租夫婦在大都會台北市行醫五十年，他(她)們的閱歷不能算少，也看到多少醫界的前輩、中青代紛紛崛起，他(她)們依然樂天知命地過著小康的歲月。「大同博愛診所」到現在還是「租」來的，是啊，天堂才是基督徒永遠的家。

社會需要傻瓜

一九九三年六月五日下午二時執政黨社工會主任鍾榮吉先生，代表李登輝主席在台北國賓飯店廳，頒贈華夏獎章給陳五福博士，私立新莊盲人重建院院長曾文雄院長上台致詞時這樣說：

「小弟開始創立新莊盲人重建院時，親友每每聽到這件事時，一定會偷偷地問：『曾文雄先生本人是不是殘障？或者有點智障？』家人親友則答以：『一切正常，和我們普通人一樣。』經過這般的查證之後，他們的反應是只好列入『怪物』。經過多年後我聽到羅東也有一怪，就是今天獲獎的陳五福博士……。」

接下來，是日專誠來參加盛會，也是陳五福博士多年的好友總統府資政謝東閔先生的致詞如下：

「兄弟認爲陳五福博士和曾文雄院長，不能說是『台灣二怪』，應該說是『台灣二傻』。現代社會肯從事社會服務工作的傻子越來越少，追求名利的聰明人越來越多，社會才會變得這樣急功近利。假如我們的社會能多一點像陳五福、曾文雄這樣的傻子，人間就會更溫暖了。」

謝資政在宦海、人世上看盡世態炎涼，因此會說出這麼饒富哲理的雋語。我佩服的陳永興醫師也是這樣一個執迷不悟的傻子，他一次又一次冒著坐牢、生命的危險、衝鋒陷陣，投入各項無利可圖的運動，許多老友看到他那樣無怨無悔的奉獻，總會對他說：「永興醫師，那麼久了，可以休息了，你怎麼還不厭倦？」

陳永興的答案，始終很清楚。他的回答是：「理想不變，熱情不滅……。」

李筱峰教授看到陳永興對「台灣之愛，永不言悔」的精神曾感歎地說：「永興兄常說：『天公疼憨人』，但我覺得其實天公並不眞的疼憨人。然而不管天公是不是眞的疼憨人，我知道陳永興一定會繼續憨下去。因爲就像他所說的，眞愛原本就是沒有看破的一天！」

這一番話說得眞好。這個社會聰明人越來越多。任由別人去衝得頭破血流，有時候還站在一旁說風涼話的人，何等聰明瀟灑。他們舒舒服服地坐享其成，名利雙收，他們智商高，卻少了一顆服務社會的愛心！

我本來以爲像陳五福伉儷，郭維租伉儷、高俊明伉儷、林義雄伉儷、陳永興伉儷這樣的傻子會在現代社會裡成爲「稀品」，終至絕跡。有時想想又好像不必那麼悲觀。上帝垂憐，祂總是要在苦難之地派遣少數的唐吉·訶德到這個世界上來。

堅強的女性

讀者諸君千萬不要忘記：站在這些「傻子」背後的伴侶，凡是能支撐初志，一路走這條坎坷征程的勇者，背後都站著一個堅強的女性。最近我由於鄭淸文兄的推薦參加了有二十多年歷史的「益壯會」（王昶雄先生是該會會長兼召集人）。在第二次的餐會上，我見到了陳永興夫人陳琰玉女士。「益壯會」邀請他們夫婦來參加此會，前後大概整整有一、二年的時間，他(她)們始終抽不出空檔。陳永興醫師那時又因為無法推卻黃信介先生的一再邀請(據說黃先生親自跑了七趟)，徵召他參加一九九三年底花蓮縣縣長的選舉。陳永興只好放下剛剛開業不久的「柏安診所」，積極投入這場選舉活動。那天晚上，陳琰玉女士是客人，「益壯會」照例要請與會的客人講幾句話，陳女士猶豫了一下，簡單地說了這樣的話：

「各位藝文界的前輩，我是不會講話的人，在座諸位都是拿筆的人，我在家裡是拿掃把的主婦，這麼一想，更不知道該說什麼才好。接受『益壯會』的邀請轉眼已快兩年，今天能來參加，當然覺得很高興，永興今天仍在花蓮，不在台北，所以鄭清文夫人陳淑惠姊陪我來，我還是代表永興向大家問好……。」

這時在場的鄭清文夫人對『拿掃把』一詞表示異議，向大家說陳琰玉女士不但拿筆桿，還會修改稿子。這時陳琰玉女士連忙解釋說，她在「台美文化交流基金會」所做的只是校對工作，不拿筆的人那裡有資格修改別人的文章，這個一定非澄清不可。……

其實，她不必作辯解，我們也能了解她長期無私的奉獻，能夠把具備專業才能，以及在不同領域裡表現卓越的陳永興醫師，無私地奉獻給台灣人民的婦人又有幾個呢?!

人的限度

我是一個魯鈍，在各方面都覺醒得很慢的人。大學畢業，在野戰部隊當了一年排長。這一年的基地演習與士兵同甘共苦、日晒雨淋，使我身體強壯不少（但是腦筋和思考方面一片空白）。連裡的士兵看到我頭戴鋼盔、全副野戰軍裝和他們一起行軍，有一個竟這樣天眞的問我：「排長，我們連裡的輔導長是大學畢業生，他是預備軍官，你也是預備軍官，爲什麼他舒舒服服的在連裡辦公，你卻這麼辛苦地和我們一起行軍操練呢？」

「每一個人的命運都不一樣啊！」我笑著答他。

預備軍官第九期（民國五十年服役）文學院畢業生的兵種，幾乎都是陸軍步兵科，除非加入國民黨是輪不到進入政戰學校受訓，然後分發去部隊當輔導長的。我當然不會對士兵說出這種原委。

當時大學畢業生少，所以一律服預備軍官役，不像現在必須經過考試，我在部隊當了一年排長，體能方面確實增進不少。我因爲天生在「方向感」的判斷上比較差，所以演習行軍時，全權交代排副(當時都是由大陸隨軍來台的老芋仔擔任此職)，在演習行軍時替我掌握目標，因爲他們多年下基地演習，地形和帶兵經驗比我強多了。

在兩師對抗的基地演習期間，「團教練」、「師對抗」在荒山野地裡行軍十八晝夜。出發前我對老士官長說：

「不能陷入敵陣喲，假如給摸擬的敵軍俘虜的話，我會被判刑、無法如期退伍……。」

老兵排副以爲我很幽默，故意逗趣，後來才相信我說的是眞話。我很早就發現了人的限度，我在世上除了教書，大概只能用筆來回饋社會。退休後，我開始回到「本土人物傳記」的寫作上，這應該是眞正的緣由。對我而言，替幾位本土人物菁英寫傳留下他們的歷史記錄，成爲我的贖罪工作。

回憶初出校門，開始教書工作，學生從初一到高三(改制爲國中那一年開始教高中生)。這些十三歲到十八歲不等的孩子，在近三十年間，隨著社會結構丕變，或者自己年歲的增加，學生的個性氣質好像改變頗多。我的教學作風由嚴肅轉爲玩世，由國語而趨本土化，可惜等我可以大量插入「台語」教學時，我已因嗓音沙啞，頓萌退休之念。

一九九〇年六月，我終於放棄教鞭，改任編輯工作。因爲張淸吉先生十分禮遇我，可以讓我在暑假請假在家裡專心寫作，所以生活過得很充實。假如這幾年我在寫作上能稍有成績，應該是志文出版社的工作，使我能退而不休在精神上得到安頓的緣故，我心裡對他懷著不能言喻的感激，在人生的旅程上他是我的恩人之一。

雙重人格的背後

執教的晚期階段，我粗暴的脾氣沒有改變（表面斯文、溫和，其實是典型的雙重人格），教室裡如果發現學生公然不聽，睡覺或看課外書籍，我便會驟然色變、傲慢的向學生口出狂言：「你們好好聽著，我是不在乎你們現在對我做什麼評價的。教書本來是一種良心事業，我剛到士林初中教書的時候，有一次在週會時聽到邵夢蘭校長向全校師生說：『老師生來就是要挨罵的，你嚴，現在學生罵你，你鬆，將來學生會在墳上罵你……。』我當時年少氣盛，回到教室，大言不慚地對全班學生說：『如果這樣教書，你們還敢到墳上吐我口水，詈罵我，我就化作鬼魂抓他！』（學生聽到這裡面面相覷，傳出陣陣的笑聲），你們要牢記，時間是最殘酷和公平的，我敢說你們將來也不大容易碰到像『老曹』這樣的老師……二、三十年後，我可能已經不在人世了，那時你們給我的評價，我倒有點在乎哩……。」

最後幾屆學生，似乎都聽過我這種至今想起來也會臉紅的狂言。性格暴躁的我，在教書生涯中，憤怒的打過學生，罵過冥頑不靈的，不肯受教的「朽木」，上天垂憐，我能安然從杏壇退休，也該算是神的恩寵吧！

這雙手沒有打過人

我第一次對自己昔日的粗暴有內疚之感，是一九九二年十二月中旬的事。那時《噶瑪蘭的燭光／陳五福醫師傳》正好準備由前衛出版社出版，中國時報開卷版的朱恩伶小姐約好來志文出版社，替我做了一次採訪。過了幾天，也是她的工作夥伴，文字、攝影都很拿手的馬騰嶽先生，打電話告訴我，希望陳五福博士從羅東上台北來的時候，能在陳醫師鎮江街的寓所，為我們兩人照一張合照。這時我突然想起和這位我素來敬重的仁醫相識二十年，也完成這本傳記，但在記憶中，好像沒有跟陳五福博士合照過。也許下意識裡，我這個自慚形穢的俗輩，本來就不大敢站在「偉人」（在我心目中他是偉人）的身邊，因為那是很容易顯出原形的。這張合照後來收入這本傳記再版圖片裡的首頁，有朋友告訴我看來儼然有如一對父子，不，我恐怕只有資格做陳博士的隨從吧。

等照完了合照，馬騰嶽先生請陳五福博士單獨坐在椅子又照了幾張照片，他這時又向陳醫師提出一個請求，希望陳博士能擺出禱告的神情，讓他拍下這個鏡頭，本來就常作沈思默禱的陳醫師很自然地做好姿勢，不久便大功告成。

「陳醫師，您這一雙手一定救過很多人吧？」馬騰嶽先生這樣問他。

「嗯，我這雙手沒有打過人……」

聽了這個回答，我愣住了。馬騰嶽先生不愧是(報導和攝影)的高手，他很敏銳地捕捉了鏡頭，又注意到陳醫師的雙手。

聽一個七十多歲的老醫師說他的雙手從來沒有打過人，就像王爾德描繪紀德時，說紀德的嘴唇看起來彷彿沒有說過謊一樣令人感動。陳醫師沒有說自己救了多少生命，醫好了多少眼疾的病患，卻做了這麼簡單的回答：「沒有打過人。」

那天回來，我獨坐書房，昔日在教書的年月裡，在盛怒之下揮打學生的鏡頭，像電影畫面一樣一幕幕閃過我的腦海……。

如今，回想起來，學生想起我這個桀傲、喜怒無常的老師一定覺得我很可憐、狂妄吧……。

結束教書工作能有機會和一些人格高尚、心靈素樸的人接觸，對我是一種重生和嶄新的教育。

因此，那天我聽了陳永興夫人那一番話，也頗有發聾振聵之功。她那溫溫柔柔，謙虛、率眞的話，使我深自愧悔。她那裡是在家裡拿掃把的人，她和陳永興醫師辛辛苦苦，默默地爲台灣打拚，從來不考慮身家性命的安全，這種無私的奉獻，證明他（她）們眞的深愛這塊土地……。

接受徵召投入花蓮縣縣長選舉的陳永興醫師，和參加台中市市長選舉的林俊義博士，多年前都曾來「史懷哲之友」聯誼會做過演講。縱然他們後來都分別在一次競選中落敗，可是將來的歷史一定會證明，台灣人不能選擇這種有理想的清流人物來爲人民服務，到底是誰的損失！果然不到兩年，林俊義博士被唯才是用的陳水扁市長延攬禮聘爲台北市環保局長。陳永興醫師則在一九九五年十二月三日全國立委選舉中脫穎而出，純樸、善良的花蓮鄉親你們有福了！

事實上，也是陳琰玉女士鼓勵我寫這本《都市叢林醫師》。他們夫婦知道郭維租夫婦足以代表台灣人七十歲這一輩的佳美腳踪。這種看似平凡其實並不平凡的實踐者，那閃耀的亮光，有如冬天的炭火，是那麼溫暖！

何其有幸，上蒼讓我有機會能和社會上這些稀有的傻子交往，使我看到自己曾經是一個多麼妄自尊大、粗鄙而自私的人！

一六、大都市·小醫師

郭維租談起他在台大醫院服務的六年歲月，當時因大戰甫告結束，由於大陸來台接收的一批官吏的顢頇、腐敗，加上軍人的橫行霸道，台灣戰後初期呈現的不安、經濟的惡化，政治的混亂以及由歷史背景而產生的文化差異，帶給他極大的衝擊。

離開服務六年的台大醫院，進入當時座落於重慶北路、長安西路交叉口的林本源博愛醫院，本本份份的看病人，領薪水過日子，他們夫婦好像一點也不急於想開業賺錢。

第二年（一九五三）搬到浦城街（是王彩雲娘家買的），翌年郭維租的慈母郭陳爲治女士因心臟病猝然病逝，得年五十三歲。和父親並肩辛苦養育四男三女的母親，竟然在盛年時撒手人寰，這對於做醫師又是長子的郭維租是莫大的打擊。人世無常，禍福相因，俗世旅程的風浪是沒有人能預知的。四女信惠在這一年降生到這個世界上，他們五個兒女（一男四女）這時都到齊了，七個人組成了這個音樂氣息濃厚、蒙受主恩的小康家庭。這一年郭維租三十三歲。

一九五五年郭維租升任林本源博愛醫院院長，也是這一年他被徵召到部隊擔任半年軍醫，海峽緊張情勢升高。王彩雲醫師帶著五個孩子裡裡外外的忙碌，生活格外緊張辛勞。一九六〇年暑假王彩雲醫師帶著次女順惠到東京去看眼科，這一年秋天，林本源博愛醫院面臨解散的命運。一轉眼郭維租又在這家私人醫院工作了九年。

租診所的開業醫生

也是這年，三十八歲的郭維租開始他租賃「診所」的生涯，在大都市開業行醫。他們夫婦在浦城街的木屋和五個兒女生活了八、九年，這個木屋也成爲嘉義王家「台北連絡站」，和舅舅、阿姨、表兄妹生活一起，氣氛上蠻熱鬧的。後來發生了一場火災，所幸沒有人傷亡，但有一些紀念品、照片搶救不及，慘遭回祿。包括那本東京帝大醫學部的紀念冊也燒得面目全非。

一年後在原地改建了兩層樓水泥建築又住了十五年，後來搬到現在位於忠孝東路四段的公寓。他(她)們五十歲以後才買了這一棟房子。

從日本學成歸來的郭維租，回顧他行醫生涯可分成台大醫院、林本源博愛醫院，租用診所開業行醫這三個階段。

郭維租談起他在台大醫院服務的六年歲月，當時因爲大戰甫告結束，由於大陸來台接收的這一批官吏的顢頇、腐敗、加上軍人的橫行霸道，台灣戰後初期社會呈現的不安、經濟的惡化、政治的混亂以及由歷史背景而產生的文化差異，帶給他極大的衝擊。物質、藥品缺乏、病人與醫生之間關係的對立，在在令人有一種心理上的壓力感，但就醫院整個工作環境來說，還是相當和諧愉快的。日本治台半個世紀，屬於殖民地的台灣人，除了醫學界和教育界，台灣人似乎沒有其他更好的出路，所以菁英多半集中在這二大領域，選讀政治、法律的台灣人難免備受監視注意。

戰後台大醫院的醫生多半是台北帝大醫學部（今台大醫學院）出身，其中很多又是台北高校的同學校友，能夠和這些先後期的校友共同參與台大醫院的整頓和復興，原是很快樂的事。因此對於工作環境客觀條件的不足，大家也不會多所苛求。

這段青年醫生的歲月，郭維租醫生心中最痛心的是二二八事件前後的捕殺及留下的後遺症，白色恐怖和戒嚴有如身上的惡瘤，日子久了產生病變，幾乎成為致命的癌症。

當年聞者色變的肺病

當時台大醫院，常常碰到一些特權官僚或有理講不清的軍人，他們態度粗暴、傲慢，醫護人員對他們敢怒不敢言，只有一味隱忍。此外比較嚴重的是貧窮的病患和醫藥供應的缺乏。那時的肺結核症有如現在的「絕症」，是群醫束手無策的病症之一。彼時剛剛上市的特效新藥，價錢昂貴，而且又難入手，病人一聽到自己罹患肺結核病，莫不愀然色變，有如聆判死刑一般恐怖。

筆者有一位好友，他父親和大哥都是罹患此症，結果臥病床褥，長達十年，最後一身瘦骨含恨離開人世。這位知友追敍那段憂苦歲月時，噙著淚水，他說有很長一段時間耳畔仍然傳來一聲聲令人肝腸寸斷的咳嗽聲，有如置身煉獄，看不到任何一線希望。這位好友自己也是淸癯細瘦，就讀師範時，學校伙食又差，常常擔心自己是否也會步上這條絕路。

郭維租回憶說當時台大醫院內科有一個年輕小護士，不幸罹患肺結核惡疾，眼睜睜地看著她原本單薄的身子，變成皮包骨。肺病末期那可怕的咳嗽聲，實在悽慘可憐，短短幾個月內就變得氣若游絲，奄奄一息。臨終時這個小護士還帶著驚懼的眼神斷斷續續地叮嚀：「醫師啊……千萬拜託……我死了不要解剖好嗎？……在大家面前脫得光光的……羞死我了……而且用刀割起來一定很痛啊！」郭維租說那景象，至今猶歷歷在目，不能忘記。

後來消炎劑、抗生素陸續出現，一般急性炎症、瘧疾、痢疾等原本棘手的感染症已經大體能控制。但是肺結核症仍是大家談「病」色變的惡疾之一。等到一九五二年郭維租辭職離開台大醫院前後，鏈黴素和INAH(Isoniazide)等特效藥已能普徧使用，發揮相當的威力，但是治療期仍須長達兩年以上。再經過十幾年的研究、臨床實驗，對付此症又有突破性的新藥Rifampicin出現，治療期縮短爲六—九個月，可說是肺結核症者的福音，日後這種病症已全面控制，而且保證可以治癒。隨著醫學的進步，以往視爲「死刑」宣判的重症，醫生用藥物或手術大多已能醫治，但是可怕的癌症現在仍然猖狂肆虐，還有AIDS(愛滋病)這種二十世紀黑死病正以驚人的速度蔓延全球……。

肅清菁英

經過一九四七年二二八事件的屠殺、鎮壓、肅清之後，一九四九年大陸全部淪陷。國民政府遷來台灣。翌年韓戰爆發，美國海軍第七艦隊進駐台灣海峽，兩岸自此完全隔絕。事實上毛澤東統治下的中共，正如邱吉爾所形容的是不折不扣的「鐵幕」，與世界上任何一個國家都中斷了資訊，成爲孤立的神話國。懸於東海的台灣島，搖身一變躍升爲東南亞反共世界的前哨站。

正是這個歷史階段，困守在台灣的一群有思想有主張的菁英，包括本省與大陸籍，繼續在逮捕、獵殺中成爲犧牲者。諸如林日高、張志忠、簡吉、廖煙（瑞發）等，台北市議員徐淵琛、基隆中學校長鍾浩東、台灣義勇隊長李友邦、台大醫院的許強、郭琇琮、吳思漢等社會菁英，都被戴上紅帽子在這歷史洪流裡消失了。

白色恐怖籠罩下，緊接著「大戶餘糧徵收」、「三七五減租」、「耕者有其田」的土地改革一一展開。這時日據時代期間，做爲民族抵抗運動主力的農村地主與城市知識階層，在歷經二二八事件的全面捕殺後，力量已經削弱大半。土地政策等於進一步剷除其餘存的經濟力量。當時爲中部大地主，也是議會主要路線的領導人林獻堂，便首當其衝，遂以養病爲由避居東京，最後客死東京，未再回到台灣，林獻堂正象徵這股政治力量的消亡、瓦解。

戰後仍在台灣政壇活躍的只有大陸返台的黃朝琴、吳三連、楊肇嘉、蔡培火、劉啓光等幾位。其他劫後餘生的民族主義者從此三緘其口，絕口不再談昔日歷史，而且禁止子女涉身政治。當年號稱台中市文化協會著名的「三隻烏鴉」——莊遂性、葉榮鐘、張深切，戰後曾活躍一時，但經歷了二二八事件後，便噤聲不語，過著退隱的生活了。

很慶幸的，吳濁流、吳新榮、葉榮鐘、王詩琅、廖漢臣、連溫卿、葉石濤等前輩，他們整理的台灣歷史文獻，爲這一塊土地留下一些蛛絲馬跡。這幾年在一些有心人士的努力搜集、挖掘、訪問、整理、印證下昔日湮滅的證據逐漸在出土中，使我們稍微看到歷史眞相的輪廓，這些工作多少可以告慰那些在歷史洪流中喪生的英魂吧。

林本源博愛醫院

離開台大醫院到私立林本源博愛醫院服務是郭維租行醫的第二階段。

這一段因緣的關鍵人物是在日本引介郭維租、林秋江見到精神導師矢內原忠雄的陳茂源(他後來在台大法學院擔任教授，今天在台灣法律界有名的林洋港、施啓揚、李鴻禧……都是他的門生)。陳茂源教授是林熊祥之長女婿，他建議林秋江(外科)、劉瑞騰(精神科)姜義森(外科)、郭維租(內科)等幾位醫師來主持這所「林本源博愛醫院」。雖然它是規模不算大的私人醫院，但卻是具有相當歷史的慈善醫院。大家抱著基督博愛的熱忱，同心協力之下，有一段時間醫務蒸蒸日上，口碑甚佳。這家醫院宏揚基督之愛的醫院，一時在教會界頗具聲譽，有不少牧師、信徒甚至捨馬偕醫院而來此就醫。

東京帝大的同窗林秋江醫師擔任外科，他是一個有藝術修養和生活品味的醫師

（他的公子林愷碩醫師曾任台北市立和平醫院直腸科主任，女兒林靜芸也是一位整形外科名醫，女婿林芳郁是台大心臟血管外科主治醫師）在博愛醫院服務三年後就離開了。有一段時間陳嘉音、施純仁、徐千田、江萬煊等名醫也來幫過忙，只是當時的風氣，兼任名醫還不能被一般病人接受，不能充分發揮其功能。一般病人習慣什麼時候去都能看的「專任」醫師。後來林本源家族，已無復當年創辦時雄厚的財力和高度的淑世熱忱，再加上缺乏經營醫院的管理人材，正好那時重慶北路列入拓寬計畫，大半土地被徵收，於是林本源博愛醫院面臨解散的命運，郭維租在這裡前後工作了九年。

寧夏路的「博愛診所」

一九六〇年，郭維租進入行醫第三個階段，他在寧夏路，著名的私立靜修女中旁邊租了房子開設「博愛診所」，郭夫人王彩雲醫師也辭去大安區衛生所的職務，負責小兒科、婦產科，兩人一起展開懸壺濟世的生活。

郭維租和王彩雲醫師，每天從師範大學後面的浦城街騎自行車上下班，後來發現路程遠了一點，體力消耗太多，就改乘三輪車。年近四十，已經不是就讀台北高校年輕時代（校址就是現在國立師範大學）可以相提並論。那時身手矯捷，體力充沛，從社子騎自行車到台北高校，有如健身運動，根本不當一回事，四、五十分鐘的車程就像單車選手鍛鍊體力一樣，不以爲苦。可是當時已近不惑之年，爲了保持工作時充沛、旺盛的精神，上下班多半乘坐三輪車了。

來診所看病的病人，仍以內科居多，小兒科也有一些、婦產科就不多了。因爲不接生（診所設備，人手不夠）、不手術、不墮胎，在堅持這些原則之下，婦產科病人當然很少。王彩雲醫師大多幫他負責檢查心電圖、注射、抽血檢查等工作。

那個時代，台北大醫院還只有寥寥幾家，分科也不像現在這麼精細，病人看病多半找開業醫師，所以來看病的多數是熟識的老病人，關係有如家庭醫師，病人和醫生建立在彼此充分信賴的關係上。

郭維租開業生涯中最頭痛的難題是病人的無知和貧困。有時罹患慢性病的患者會對他說：「郭醫師，請你告訴我藥名，這樣我自己可以到藥房買一大瓶，免得老是來麻煩你……。」

這樣不是很危險嗎？如果醫生是人人可當，何必苦讀那麼多年呢？高血壓、糖尿病等病症，一定要接受定期的檢查，由醫生根據各種病況的變化、年齡、體質的差異隨時調節藥量。很多病人不了解個中原委，以爲處理藥方是十分簡單的事。

又有一些境適貧困的慢性病的病人，因爲沒有醫療保險，他們來醫病時斷斷續續。醫生告訴他治療期間一定要持續下去，才能有療效。如果付不起藥費，可以另想辦法，可惜病人多半不聽醫生的忠告。病人因爲窮困，又固執地認爲便宜的藥一定不好，不知這種想法眞是自找麻煩。在充滿功利、自私的社會，心理自卑的窮人實在很可憐。難怪德蕾莎修女在印度創設「垂死之家」，畢生獻身照顧那些奄奄一息、貧苦無依的窮人。

接近成本的醫藥費

郭維租夫婦的診所，開業初期，憑藉精湛的醫術、細心的醫療，病人漸漸增加，大概每天看四十名左右的病人，後來增加到五、六十人。無論人數多寡，因爲他們夫婦所收的治療和醫藥費用，幾乎接近成本。流行感冒時，診所病患川流不息，辛苦工作的醫生往往可以有一筆可觀的收入，但他們夫婦呢，換來一身筋骨酸痛。醫師娘兼婦產科的王彩雲醫師，起初不能適應丈夫這種「成本會計學」，開朗、笑口常開的郭維租從來不把醫生當作賺錢的行業，對夫人打個哈哈就混過去了。

以成本價開藥還沒有關係，郭醫師看到家境差的窮人還經常接受賒賬，日子久了，也不去追究，於是變成呆帳，有去無回。「千金小姐」出身的王彩雲醫師，未享受榮華富貴，一輩子在租來的「寒窯」陪郭醫師過著小康的日子。

老派醫生／新銳醫生

十幾年前台北大醫院陸續創立，情況大有改變，一般病人迷信設備齊全的大醫院和大牌名醫，不講求裝潢外觀或氣派的民間診所，開業醫師的生意迅速沒落，郭醫生夫婦的診所在十年前就減少到一天只有十個左右的病人，如今更少了。

筆者家父曹賜固醫師一九三五年在日本盛岡岩手醫專（戰後改爲岩手醫科大學）完成醫學課程。返台後在台北「赤十字社台灣支部醫院」（今日中興醫院）服務兩年，然後在士林鎮街上開設「士林診所」，當開業醫生逾半個世紀。他老人家一生沒有自家的轎車，「往診」（到病人家裡看病）的交通工具從黃包車（人力車）到三輪車，再從計程車到病人自備的轎車，交通工具的改變，正代表台灣戰後半世紀經濟蛻變的縮影。跟家父同一輩的士林鎮上的老醫生，漸漸老成凋謝，少壯派的醫生，一家一家地開設起來。後來發現就是同輩的年輕醫生，診所的生意有的大排長龍，有的門可羅雀，後來才弄清楚「新、速、實、簡」的現代社會，大家都不耐煩，病人只希望去看一、兩次病，感冒、腸胃、皮膚等疑難雜症，都能打一針、服一帖藥便霍然而癒。這麼一來，頻繁使用抗生素，藥效神速的醫生即是神醫，至於日後留下的後遺症病人並不知情。

其實一般感冒根本不必使用抗生素。因爲病毒引起的流行性感冒不必用到這種烈藥，除非感冒數天後發現有併發細菌感染，才有必要。但有些想讓病人得到立竿見影療效的醫生，爲了贏得神醫的口碑，不免有濫用抗生素之嫌，結果可能造成體內細菌產生抗藥性，無形中民衆受害，也造成國家社會的損失。

三長兩短

郭維租說設備好，醫生分科精細的大醫院誠然可以處理許多疑難急症。筆者好友張良澤教授一九七六年利用暑假，由成功大學到北部弟弟的小公司打工。用摩托車載攝影器材，送給關渡的客戶。結果因肺血管破裂送往石牌榮總，開刀手術輸血六千C.C.鮮血才救回一條性命，當時如果送往小醫院，沒有儲備這麼多血漿就會送命。

可是如果大大小小的病痛、感冒也擠到大醫院，要求「名醫」診療，排了三個鐘頭的隊，只看三分鐘的病。眞正成了名副其實的「三長兩短」——掛號、候診、領藥排隊長，診察、開藥的時間短。試想：這樣的醫療方式，病人能得到高水準的治療嗎？恐怕華陀再世，也只有徒呼奈何吧！

社會民衆大勢所趨，都迷信大醫院名醫，況且勞保付款又極不合理，開業醫生看一個病人，包括診療、用藥，價錢是兩百元。大醫院動輒就是八百、二千的醫藥費。無知的病人，小病也擠到大醫院看名醫，享受到的只是「高價位」的醫療罷了。

郭醫師說有些小病痛，三分鐘的診療還可以勉強對付過去。現代社會生活節奏越來越快速，罹患焦慮或抑鬱的病例顯著增高。此外隨著年齡老化而來的老人病、孤獨、無助和缺乏照顧，都關係到軀體以外的心理問題。這樣的病人至少要十五～二十分鐘的談話、溝通，不是隨便配藥可以解決的。正常的情況下，一個開業醫師一天看二、三十個病人，每個病人花十五～二十分鐘，也要五、六個鐘頭哩！

台北市現在有五、六千名醫生，其中開業醫只有一千名左右，而且都在六十歲以上居多，一天卻看不到十個病人，這種情況實在不正常。大醫院的名醫則每天疲於奔命地去面對罹患微恙的病人，說來眞是國家人力、設備投資的大量浪費，不是嗎？

李登輝總統是台北高校第十七屆校友，算是舊識。有一次在某個場合和郭維租醫師見面，李總統親切地問他：「郭醫師，最近怎麼樣？忙不忙？」郭醫師很老實地回答說：「病人很少，一天只看幾個病人而已。」於是郭醫師順便表達了加強全民健康保險的準備和心意，轉診和付款合理化的問題。

民衆生病，應該先看家庭醫師，家庭醫生足以處理大部分病人，小部分需要進一步檢查和治療的才轉診到大醫院，然後再送回家庭醫師。大醫院「大小病通吃」的現象，以及基層醫療的萎縮、沒落、崩潰，不是一種正常的現象，這不是平等競爭下自然淘汰的原則，而是病人和官員都不了解眞相，追隨時潮。到頭來吃虧的還是民衆，此絕非全體人民之福。浪費資源，卻得不到良好的醫療，多麼可惜！

快樂·希望·大台北

一九六七年七月一日，台北市改制爲直轄市後，合併了原來隸屬於台北縣的北投、士林、南港、內湖、木柵、景美六個鄉鎭，現在台北市總面積爲二七二·一六平方公里。這個大都會的建設，有很多建築已足與世界一流都市相媲美。但物質上富裕的生活，卻不能滿足市民的精神生活。近年來台北市以每五年將近一個基隆市的人口急遽增加(一九八五—八九年底增加了廿五萬多人口),在這樣的發展下,台北市每平方公里人口密度達到一萬多人,儼然已是世界人口密度最高的都市。職是之故,伴隨台北市人口快速的成長,交通壅塞,噪音、水、空氣等嚴重的環境與治安惡化等問題,變成了我們必須面對的課題,有人戲稱台北市為「淪落的都市」。

事實上,最近台北市人口已經不再增加了。那麼如何避免「文化沙漠」、「貪婪的都市」、「毒梟的淵藪」等等這些惡名,創造一個寧靜,安詳、便捷、快樂、充滿希望的生活環境,已經成為刻不容緩的目標,戰後日本東京市的運作與規劃,值得我們借鏡深思。

日本地下鐵有如蜘蛛網,其交通運作,重視環保、教育、倫理的苦心孤詣,不能不令人由衷欽服,可是有遠見的日本人不以此自滿,已開始進行另一個「東京市」的遷都計畫了。

在這樣一個都市叢林裡,這座彷彿迷宮的密林,仍有很多小市民,需要那些受過專門訓練的開業醫生來為他們服務。人的軀體有如一部精密的小機器,小零件長久使用後難免總會發生狀況或有一點小故障,應該予以檢查維修,塗點潤滑油、保養一下,這機器倘能得到正確的維護,一定可以大大延長使用的年限。郭醫師認為如果納入體制規畫，國家可以減少許多人力無謂的浪費。

一窩蜂擠進大醫院，把小病弄成大病，普通的感冒也輕易使用抗生素，以致留下許多本來可以避免的後遺症。

前些日子，市立陽明醫院感染內科蔡燿州醫師呼籲千萬不要濫用抗生素。譬如最新開發出來的廣效性抗生素(Quinolone)已被用於治療對於多種抗生素具有抗藥性的細菌。但是在藥房和藥商的強力推銷下，造成「殺雞用牛刀」的濫用現象，醫生擔心將來是否會有抗藥性的超級細菌出現，令臨床醫師束手無策。

有良心的開業醫生，散布在都市叢林裡的各個不同的角落，隨時爲小市民的健康進行機動性的服務。他們絕對不是否定大醫院的設立和存在的必要性，要打好團隊的仗，應該分工合作，大家各自站在自己的崗位，發揮本身的功能，不要任其荒廢，形同虛設，因爲無謂的浪費，積少成多，損失是很可觀的啊！

第四篇/收割

一七、上帝賞賜

行醫半世紀的郭醫師夫婦，到現在診所還是租的，但是上帝給了這對善心的伉儷最高的酬賞——一男四女通通進入醫學院(二位牙醫、三位醫生)，一個博士、好幾個醫學教授，很多親友問起他們教育的秘訣時，他們笑說：「兒女是上帝賞賜！」

郭維租夫婦，兩人都是留學日本的醫生，踏出校門，返回故鄉之後，我們看他們的步伐，就可以發覺他們都沒有積極想以醫師這個行業來賺錢，更不用說在世上累積財富。足足有十四年的歲月，兩人都是在醫院上班的薪水階級。如果私立林本源博愛醫院沒有解散，他們到什麼時候才會租「診所」行醫呢？

四女一男·個個傑出

他們傑出的兒女——敬惠、汝容、順惠、慈惠、信惠先後降生到這個醫生世家，郭維租相信兒女是上帝的賞賜，要得到神的祝福才能自如地成長。

長女敬惠、長子汝容在迎婦產科出生，因爲當時王彩雲醫師在迎婦產科服務，暫時住在醫院宿舍。次女順惠、三女慈惠先後在台大醫院誕生，那時他們一家人已住在金華街的台大宿舍。四女信惠在徐麗嬌婦產科出生，他們這時已搬到國立師範大學後面的浦城街。

五個兒女成長的過程中，住的最久的地方是浦城街，超過二十年。這個房子是岳父買的。岳父王清波醫師十一個兒女中，王彩雲醫師排行第二。姊姊王源綢也是醫師，結婚後回嘉義。岳父王清波醫師爲了這些外孫和嘉義鄉下的兒女來台北上學方便，在師大後面買了一棟獨院的木造房子，土地五十坪，建坪三十坪，是很可愛、安靜的一棟樸素平房。

浦城街木房失火

三舅唸台灣大學法律系，五姨是台北醫學院牙醫系、六姨後來也陸續北上唸書，全部住在浦城街，一家人蠻熱鬧的。住了將近十年，慘遭回祿，這場火災燒燬了很多紀念性的東西，所幸沒有人受傷。

火災後在原地重建了一棟兩層鋼筋水泥的房子。有一段日子嘉義大阿姨的子女也北上讀書，全部住在浦城街。一家七口，加上嘉義和朴子來的親戚，人數加倍，有十多個人在一起生活，眞是熱鬧的大家庭，他們戲稱浦城街的住所爲「王家台北連絡站」，王彩雲醫師理所當然是連絡站主任了。

郭醫師四弟郭重吉就讀台大物理系時也在浦城街住了好幾年，他後來留學美國獲博士學位（現任國立彰化師範大學自然科學教育學院院長）。

歲月如梭，後來這些年輕人一個一個畢業，各奔前程。郭醫師夫婦自己的五個兒女，後來各自成家，都在國外工作，家裡只剩下他們老夫妻二人。王彩雲醫師一時無法適應，最小的女兒信惠結婚赴美已經十多年，王彩雲醫師有時還沒有意識到這已是空巢的晚年，準備的菜餚好像足夠十人份量呢！

在郭醫師夫婦悉心帶領下，這五個兒女（一男四女）一路上順順利利地都進入醫學院（二位牙醫，三位醫科），這項驚人的記錄常常引起親友的好奇和羨慕。不知有多少親友，常會向他們請教教育兒女的秘訣。不在俗世累積錢財的郭醫師夫婦，這五個兒女成為他們最大的財富。然而郭醫師伉儷始終相信兒女是上帝的賞賜和祝福才會降生到世上，也是得著上帝的智慧與引導，自然地依循正道前行，才能建立幸福、美滿的家庭。

一家人都是醫生

現在座落台北市中山分局邊一條巷內（日據時代十條通）的「大同博愛診所」，筆者曾就「兒女教育秘訣」為題，向他們夫婦做了一次專訪。

「郭醫師，認識您們賢伉儷很多年後，施義勝教授才告訴我，你們五個孩子都是醫生。這樣的記錄，實在可以做為全國模範父母的標竿，您們的兒女是怎樣教導、成長的呢？」

郭維租夫婦坐在小客廳裡，臉上露出謙虛、滿足的笑容。

「曹先生，親友中知道我的五個孩子全部繼承父母親的衣鉢，成爲學有專長的醫生，都很驚奇，因爲即使自己創設醫學院，也不大可能百分之百都當醫生。這五個孩子，從小學開始，功課方面都唸得很順利。五個孩子好像都遺傳了我們音樂的嗜好，除了鋼琴，每個人都另外學會另一種樂器，五個人先後成爲台北「世紀交響樂團」的基本團員。記憶中，我們夫婦很少給孩子們施加什麼壓力。我們不是什麼教育家，但是根據自己讀書學習的經驗，知道培養孩子的好奇心和興趣才是最重要的。俗諺說：『偃鼠飲水，不過滿腹。』『帶有強迫性的壓力不能持久而且會產生彈性疲乏，只有激發他們自動自發的求知慾，順其自然發揮長處，孩子才有眞正的空間。教育如果採用一味的塡鴨，那效果是有限而短暫的。「教育」一詞在德語裡是：Erziehung，意指伸長，使每一個人的內在潛能萌芽、培育、成長、發展，這便是『教育』的眞諦……。」

給孩子好榜樣

「如果說我們有什麼秘訣，我也說不上來。我們夫婦都當醫師，在醫院上班，後來開業行醫，本身的工作很忙。我們知道盡量不要妨礙兒女健康的成長，不要給孩子壞榜樣。讓他們從小在耳濡目染，潛移默化中體會正直、健全的生活方式才是平安喜樂。和平、公義、民主、平等、勤勉、樂觀是形成一個國家、社會、家庭的磐石。孩子的眼睛明亮，小小年紀也能看懂事情的本質。大人不要欺騙小孩，好像種樹苗一樣，從小就要細心栽培。父母親本人的生活亂七八糟，怎麼能期待孩子成為社會上有用的人呢？」

「王彩雲醫師，你和郭醫師都是留學日本的醫生，五個兒女後來都在你們長期的培育下成為醫生，在『史懷哲之友』和你們認識二十年了，最近五年因為接了『史懷哲之友會』義工，想到要替郭維租醫師寫一本傳記，和你們接觸的機會增多了，在搜集資料時，郭醫師本人撰寫提供的初稿中發現你們王家也是醫生世家，而且當醫生的還比郭家多，估計一下，王家三代，醫生就有四十多人。前幾年，李遠哲博士得到諾貝爾化學獎，記者報導新竹畫家李澤藩（李遠哲之父）夫婦的兒女個個都是傑出的博士，讓天下父母好生羨慕，其實您們這『醫生世家』恐怕也是台灣有數的紀錄吧……」

「曹先生，這個我倒不知道，我們夫婦雖然都是醫生，有十四年時間兩人都是領薪水過日子。郭醫師當林本源博愛醫院院長的時候，也是領院長職的薪水。後來開始租診所開業，兩個人從來就不是精打細算的個性，認爲經濟方面能維持小康就行了。五個孩子在成長過程中一定也覺得自己的家並不是很富裕，因爲診所收費標準遠低於其他診所的平均收費，連稅捐處的人也不大相信這個賬簿，有時還要勞煩他們調閱病歷，查核一番呢！郭醫師的個性如此，我是嫁夫隨夫，對家庭經濟也始終認爲只求中庸之道即可。中產階級本來是社會的中堅，也是安定的力量，物質上只求不缺乏，但不要過分奢侈浪費，對孩子的教育我們倒是很注意……。」

「我知道，你們夫婦除了本行的醫生工作，對社會公益也很熱心，盡心盡力，這個我在往後的章節要向讀者報告，王醫師，我很想知道您們五個兒女爲什麼都走上學醫的道路呢？」

四個一女中・一個建中

「五個孩子，從求學開始，功課對他們就不是難事，唯一的男孩汝容讀建國中學，四個女兒都先後進入一女中，孩子們集會的時候，會討論到底要考那一科？四個姊妹都說，父母都學醫，汝容是男生，義不容辭要讀醫科，汝容也同意她們的看法。如果投票表決，他也孤掌難鳴，只有聽從命令的份。當時建中還有保送制度，他第一志願是台大醫科，第二志願是台大牙科。結果畢業考試平均分數差了零點一，接受保送的話，分發台大牙科。汝容本來有意自己報考醫科。建中老師認爲台大牙科是那麼好的志願，不應該放棄保送，自己投考，不無冒險，就這樣決定去讀台大牙科了。」

「姊妹們在北一女讀書成績都不錯，想來想去像父母一樣，當個學有專長的醫生也不錯，後來一個一個相繼考上醫學院。

長女敬惠，個性有些敏感緊張，聯考那一天，肚子痛曾跑回家再去考場，結果考上北醫牙科。次女順惠考上高醫（和陳永興醫師同班），三女慈惠考上台大醫科，是那一年聯考丙組狀元。有一家補習班包了大紅包，要慈惠給補習班做廣告，我們當然辭謝了。那裡可以辜負老師辛勤的敎導呢？么女信惠考上北醫醫科，這樣五個孩子後來都當了醫生。」

「日後這個消息，變成親友們談論的話題。怎麼能使五個孩子都上醫學院呢？當然唸書要自己有興趣，自動自發，引起他們的好奇和求知慾也很重要。如果要父親一天到晚逼著，那有那麼多心力呢?!」

郭醫師夫婦一家人都是虔誠的基督徒，他們五個兒女中我只有見過郭汝容醫師夫婦和他們的女兒和兒子，那是一九九三年七月中旬他們返台探親時，郭醫師夫婦在台北一家日本料理店請客時見面的，郭汝容醫師個性開朗、樂觀、謙和，一如他的父母親，一男一女都看來聰明伶俐，儀表出衆。

每人各學一種以上樂器

郭維租回憶五個兒女讀書成長的歲月，他們夫婦知道不能整天關著唸書，正當的休閒娛樂是少不了的。有了這種調劑，鬆弛身心的活動，唸下去的東西才能消化啊。

假日，郭醫師夫婦經常帶孩子到離住家不遠的新店溪畔，植物園散步。偶爾也到新店、烏來、北投陽明山郊遊。有一次在新店上游進去的屈尺附近，遇到台大醫院院長高天成教授駕車經過，看看天色已晚，高院長很好意要他們同車，就搭了高院長的便車回家。高天成院長是郭醫師東京帝大前輩，對後輩提攜照顧不遺餘力，當時住的宿舍離得很近。

中秋節也常帶著孩子們到植物園賞月，郭維租談起往事，他說沒事常跟長男汝容較量賽跑。直到有一年汝容跑贏了他，心裡高興孩子長大了，一方面也感覺歲月不饒人，意識到自己進入哀樂中年了。

親友們常問郭醫師夫婦，孩子們功課個個都這麼棒，有沒有去補習？郭醫師說孩子對學校的功課十分專心、用功，主科英文、數學多半請老師來家裡做些重點補習。音樂方面除了鋼琴（請廖年賦教授來家裡指導）另外每個人又學了一種以上的樂器。長女敬惠專攻長笛（Flute），順惠學中提琴（Viola），慈惠拉大提琴（Cello）、吹豎琴（Clarinett），最小的信惠後來也拉大提琴，汝容拉小提琴（Violin）是名副其實的「醫生世家」兼「音樂家庭」。

接近上帝

起初郭維租在家裡自己開主日學的課，後來兼教一些日文基礎方面的課程，並且叮嚀孩子們到鄰近的「慕義堂」，接受鄭大和牧師指導。郭醫師深切地體會到敬畏上帝是智慧的開端，應該從小讓孩子們認識創造主。結果，五個兒女從小很自然地接納祂爲救世主，成爲虔誠的基督徒。

有一次，有一位牧師問郭維租醫師：「你們家裡有沒有像修道院，每天早晚祈禱、讀聖經?」

郭維租說從來沒有這樣嚴肅，只是讓孩子從小接觸聖經故事的經義。讓他們辨別是非，思考善惡，領略什麼是信從，什麼是叛逆。千萬不要看輕小孩，他們天眞無邪的心，最能感受聖經和信仰的眞諦。信仰之路單純而絕對，但並不和道理、知識有何根本的矛盾、衝突。過分強調絕對性，排斥思考和理性，反而會陷入迷信的泥淖。因爲信仰是屬靈和眞實的，不拘形式，也不是敎條，不能通過洗腦的手段引人入信。對郭醫師一家人而言，信仰就如同耶穌敎訓尼哥德慕，像風吹拂一樣自由，也像耶穌敎訓撒馬利亞的婦人，有如活泉，不停地湧出來，使人獲得永恆的生命。上帝是靈，拜祂的必須用心靈和眞實拜祂。

記得有一次，郭醫師的女兒剛從醫學院畢業，有人打電話來說要介紹一個醫生女婿，問郭醫師夫婦要給女兒幾棟房子作嫁妝。郭醫師回答:「我的女兒也是醫生，我當然會給她很好的嫁妝，不過我給她的是肉眼看不見的，是作人的方式，和一生取之不盡的能力。……」

如今這五個兒女，都在醫學領域裡有很好的表現，加上次女婿王廼輝先生、三女婿林晃達先生和四女婿胡俊哲都是醫生。郭家總共有十個醫生，眞不愧是「醫生世家」！

懸壺濟世將近半個世紀，培植了五個傑出的兒女，克紹箕裘和父母一樣成爲學有專長的醫生。郭醫師從日本東京帝大醫學部學成歸來，自始至終沒有改變初志，除了本身的工作，他長期獻身痲瘋醫療、原住民山區的義診、關心參與基督徒醫學會奉獻的事工、參加中韓合辦的南韓全州義診、赴泰國難民營服務。文字事工方面，編輯《醫療與傳道》月刊雜誌近二十年，譯介矢內原忠雄、高橋三郎的宗教名著、發行福音叢書，在漫長時間中爲主作見證，宏揚福音，協助廖年賦教授創立「世紀交響樂團」多次到國外巡迴演奏，完成國際音樂外交使命，擔任「史懷哲之友會」第二任會長長達十四年……到今天，你在他租來的診所中見到這位都市的「草地醫生」時，郭醫師還保持著稀有樸實的「原色」！

一八、音樂．信仰．生活

音樂是他們塵俗生活裡最大的慰藉，信仰是旅途中的活泉。

住在浦城街時家裡有一架古董的蓄音器(留聲機)，現在的孩子要看到這種玩藝，只有到博物館或收古物的樂器商鋪那裡才看得到……

前面提過，郭維租的父母原來都是師範科班出身的小學教師，他們都喜歡音樂、唱歌，郭維租夫婦二人雖然都攻讀醫學，但對藝術、聖經、文學也很喜歡接觸，尤其音樂，成爲他們一家七口生活中重要的重心，五個兒女功課都那麼好，在父母的引導栽培下，一男四女除了鋼琴，都還會一、兩種以上的樂器，先後都是世紀交響樂團的基本團員。

沈浸古典音樂的世界

郭維租醫師在自己的診所、家裡經常放著一台錄音機，放滿各種古典音樂的錄音帶，遠在金華街台大宿舍時開始，他就買了一架收音機，四十多年來音樂一直是他生活裡最大的慰藉，這也許是父母的遺傳和影響有關。

小學時代開始，住在社子的時候，書房裡除了放滿父母喜歡閱讀的書籍，經常聽到父母親口裡哼唱著旋律優美、動人的各國民謠。郭維租五、六歲快上小學的時候，當時月薪只有六、七十元的父親，便花了一元三毛錢（日幣）買了一支口琴給他。郭維租拿到這個心愛的禮物，雀躍不已。整天手不離琴地吹，吵死人，可是他並不是胡吹一通，經過一段時間的揣摩、鍛鍊，也能有曲有調了。

郭維租兒時的音樂教育從此成爲他生活工作不可或缺的調劑。搬到浦城街後家裡購置了一架老式古董的留聲機(蓄音器)。這種古董品現在的孩子只有到博物館或搜藏古物的樂器商那裡才看得到，因爲現在唱片都已停止製作，連錄音帶也轉到CD、影碟的階段，一切都迅速推陳出新，現代人已無法想像半世紀前的人如何欣賞音樂了。

郭維租接觸的都是古典音樂，韓德爾神劇的《彌賽亞》更是他百聽不厭的。長男汝容四、五歲時，聽到合唱：For unto us a child is born 這段曲子時，小小年紀的他就跟著哼起「請你某」(閩南語是『宴請你太太』之意)，那模樣天眞、可愛極了。

長女敬惠五歲時(一九五二)在經濟情況還相當勉強之下，買了一架鋼琴。五個孩子相繼和廖年賦教授學琴，鄰居常聽到他們家樂聲悠揚，知道他們是音樂家庭。

等到孩子一個一個長大，讀了醫科，變成「世紀交響樂團」的成員，郭維租自己幫助廖年賦教授創立這個樂團，也是團長，並且帶這個樂團到日本、韓國、美國、歐洲等巡迴演奏好幾次，算是這個「醫生世家」的另一樂章了。

多年以後，爲了健身，郭維租和老伴王彩雲醫師開始學打高爾夫球，鄰居看到他們背著球袋、球桿走路，就會好奇地問：「那是什麼樂器啊？」

郭維租回想自己接觸音樂，除了父母親的影響，他說唸社子公學校時，許多課都是由級主任(班導師)擔任，但是音樂課是陳玿光老師教的。陳老師在音樂課上教了同學們很多好聽的童謠。他要同學特別注意咬字的清晰正確，旋律的強弱，這位老師後來擔任台北市大龍、大橋國小校長。後來郭維租升任主治醫師後，也成為陳校長一家人的家庭醫師。這位音樂合唱方面的啓蒙恩師前些年過世，但是陳校長的兒女、孫子都是郭維租看著長大的，現在連孫子輩也都結婚成家了。

進入台北二中(成功中學)就讀時，教他們音樂的老師是一位日本籍三浦女士，這個老師本身就是一個出色的女高音。她在課堂上經常教大家唱世界名歌、民謠，她演唱「菩提樹」、「羅蕾萊」、「野玫瑰」的架式有如舉行一場音樂會，到現在還很清晰地浮現在他的腦海裡。

進入台北高校，理乙組主修德文，台北高校有前輩留下來的世界名歌集，學校的四位德文老師，其中有一位最年輕的德文老師更是熱心教他們唱德國民謠。本身又特別喜歡唱歌，郭維租和幾個同學從那裡學到好幾首德國民謠。台北高校同學每一次結伴郊遊，或到山上露營，常會在一起盡情地唱，這種唱歌的嗜好至老不渝，永遠保持下來，到現在還是他和老伴生活裡最好的消遣哩。

莊永明筆下的劉新榆

東京留學時代住在高砂寮時，郭維租負責文化部，購買圖書和唱片的任務就交給他，他也很樂意做這樣的整理工作。高砂寮有一部「電唱機」(日語「電蓄」)，這在當時是無價之寶，原來這是台北高校前輩(12屆)劉新榆學長組合的傑作，音質好，聽起來不同凡響。劉新榆學長在台北高校時和陳五福、林挺生、陳萬裕、柯源卿、何斌、胡鑫麟、杜詩綿、楊思標……都是同一屆的同學。劉新榆高校畢業後考入東京帝大工學部機械科，林挺生進入台北帝大(台灣大學)理工學部化學科——兩人因爲在台北二中、台北高校先後同學，所以淵源很深。戰後回到台灣，劉新榆義不容辭幫林挺生的大同公司出過不少力，在技術部門擔任主任總工程師。台灣史料專家莊永明先生在〈閃耀的蕉葉〉一文裡寫到這兩位老同學的關係時有這麼一段記載：「劉新榆赴東京帝大機械科深造，林挺生升入台北帝大理工學部化學科。讀化學的林挺生曾創設過味素工廠，但是卻做不出結晶味素來。後來承續父命，主持大同製鋼轉而投資家電、網羅劉新榆進入大同公司，兩人成了『頭家、薪勞』(主雇關係)，劉曾任總工程師，可以說是大同公司創業的大功臣。

「好爲人師」的林挺生，經常開課教《國富論》等名著，公司幹部都必得在下班後當學生，沒有人膽敢逃課，心不甘、情不願的聆聽他一句中文，一句英文的翻譯，唯有劉新榆是從不聽課的唯一高級主管。畢業東京大學的他，可能認爲自己只管技術部門就行，經營的事不用管，也許心底下有些才高氣昂，豈願當同學的『學生』？」

筆者早年在士林高中（後來改名中正高中）教書時，就有一位師大畢業的數學老師和擁有碩士學位的國文老師，從大同工學院辭職轉來中學任教，雖然他們不是高級主管，但是不能適應老師必須短期到公司的某部門實習，寒暑假任課老師也得上班的制度，寧可放棄講師升遷副教授、教授的錦繡前程，紆尊降貴到中學教書，回想這兩位老友的抉擇，讀了這段文字，不禁莞爾。

音樂旋律中的快樂時光

住高砂寮時代，有了劉新榆學長組合的這部「電唱機」（電蓄），晚餐後郭維租常和同學、朋友在這裡聆賞音樂，度過不少快樂的時光。慶應大學醫科畢業的陳博約先生（後來擔任台大醫院骨科首任主任，也是國內首屈一指的骨科大夫）很喜歡舒伯特的歌謠，如「冬之旅」等。常常隨口哼上幾段。江萬煊學長和郭維租比較偏愛貝多芬的交響樂，尤其是第三交響樂「英雄」(Eroica)、第五交響樂「命運」、第六交響樂「田園」(Pastoral)、第九交響樂合唱部分的「快樂頌」(Ode to Joy)……聽他的作品，耳畔就會響起貝多芬的名言：「音樂比一切智慧，一切哲學，有更高的啓示……誰能參透音樂的意義，便能超脫尋常人無以振拔的苦難！」

後來參加矢內原先生的集會，江萬煊學長常和郭維租結伴同去開始接觸「讚美歌」，聖歌後來成爲他生活和工作中不可或缺的力量……。

一九四六年郭維租學成歸來，翌年秋天開始參加陳茂源先生在北投的集會，陳教授獨生女陳韶小姐是主修鋼琴的。集會中伴奏，前後的彈奏都由她彈奏，由於琴藝純熟，樂音悅耳，眞是令人懷念的美好時光。她特別喜歡蕭邦的作品，常常可以聽她彈奏蕭邦練習曲、夜曲、波蘭舞曲，眞是繞樑三月，一時渾忘塵世的憂患，人間的煩苦。

有一次在台北高校同屆校友賴永祥先生（東京大學法學部畢業，現任職美國哈佛大學圖書館，楊基銓夫人侄婿，常在台灣教會公報撰寫「教會史話」）家裡第一次聽到韓德爾神劇「彌賽亞」(Messiah 爲救世主之意)顧名思義，這部神劇以耶穌基督的生平爲主題，他的誕生、苦難、復活、升天等爲重心，但全劇主角始終沒有現身說法，而是藉周圍人物的期待、敬慕和懷念、烘托神劇的中心人物——救世主。全劇由序曲、獨唱、重唱、大合唱穿連貫串，共分58段精心創作，巧妙納入三部曲中，眞是動人心弦的傑作！

第一次在賴永祥先生那裡聆賞韓德爾這部神劇「彌賽亞」大概是戰後三年吧（一九四八年左右）。雖然那是一部老舊的唱機，但是已經是「電動」的了（最早的留聲機是手搖彈簧弓的），然而內心所感受的撼動是一輩子都忘不了的。陳五福醫師和郭維租醫師說每次一聆聽「彌賽亞」，就彷彿身心又接受了一次洗禮。過了幾年郭維租託人從香港買了一套好幾張的「彌賽亞」唱片。當時還沒有ＬＰ，一面只能播唱幾分鐘，後來家裡也買了一架電唱機，因爲常常播放這部百聽不厭的神劇，所以連五、六歲的汝容也跟著哼唱：「請你某……」

筆者一九五六年進入東海大學讀書時，在聖誕節前夕第一次聽到學校聖樂團演唱「彌賽亞」。當時獨唱部分由吳德耀校長夫人擔任女高音，男低音有一年由當時還是台南神學院學生，在東海進修一年的駱維道博士（現任台南神學院院長）擔任，後來我手裡有好幾種不同版本的彌賽亞唱片、錄音帶、ＣＤ，但是大學時代聆聽「彌賽亞」演唱的感動還是鮮明地留在記憶裡。

郭醫師的五個孩子開始正規的音樂課程是前面提到過的。那是長女敬惠五歲

（一九五二）那年，家裡勉強省下一筆錢買了一架小型鋼琴。敬惠到附近鋼琴老師家裡學琴，郭維租沒事也自己隨便彈彈讚美歌，邊彈邊唱，覺得很自在。又過了兩、三年，經過朋友介紹了廖年賦教授，他那時師專音樂科剛畢業，專攻小提琴。不久結婚，夫人陳盧寧教授主修鋼琴，起初孩子們年紀還小，就特別請廖年賦教授來家裡教琴。孩子一個一個接著加入學習的行列，最小的信惠三歲就開始學，畢竟三歲實在太小，還懵懵懂懂不懂事，老師教起來格外辛苦。有了這次痛苦的經驗，廖年賦教授夫婦後來如果有人請他們指導這麼小的孩子學琴時，都一一加以婉謝了。

後來浦城街那棟木房，有一天突然失火了。不幸中之大幸，那天正好廖年賦教授來教鋼琴。木房子燒起來速度很快，大家在急忙慌亂中逃生，沒有人受傷，雖然大部分衣物、家具、房子都遭燒燬，但保住生命總是萬幸。這段期間家人只好暫時住在寧夏路診所的樓上。幸好，洪源火醫師很好意，借一架鋼琴，繼續彈。廖教授越來越忙，孩子們便到老師家裡練琴。

廖年賦、陳盧寧夫婦兩人都教琴，後來合起來學生也不少。郭醫師自己五個孩子都先後與他（她）們夫婦學琴，大家彼此相熟了，便動念想組織一個樂團。這時孩子們除了鋼琴還保持練習，敬惠又學了長笛，汝容練小提琴，順惠學中提琴，慈惠和信惠拉大提琴，雖然買樂器花費相當可觀，但樂團合奏起來和諧、美妙，儼然有小樂團的雛型了。

「世紀交響樂團」的成長

一九六八年樂團在大家努力配合之下創立。最初的名字是「世紀青少年管絃樂團」，後來改名為「世紀交響樂團」，團員分青少年班和幼年班，團員後來增加不少。這段草創期間，場地換過許多次，有一段時間託廖年賦恩師戴粹倫教授擔任師大音樂系主任之福，借到師大場地練習。不久，又換到昆明街四樓的一個地方練習，當時蕭滋老教授很熱心，常來擔任客座指揮，畢竟麻煩高齡七十，心臟不太好的老教授爬四樓，於心難安。有幾位團員的家長是醫生，於是大家想到這個樂團應該有一個「家」方是長久之計。

一九七六年機會來了。師專前面有一幢新建大樓，十四樓頂樓一二〇坪可以隔成大小幾間：有中間沒有柱子的大型練習廳、中型練習廳、客座指揮套房。當時索價要三百五十萬元，以坪數計算不很貴。不過樂團當時的錢款只有六十萬，相差太遠。但大家有一個共識，認為良機難逢，如果不買下來，恐怕將來就沒有能力購置一個落腳的「家」了。當時擔任樂團名譽顧問的李登輝先生(當時任行政院政務委員)認爲太草率，不表贊同，好在郭維租和幾個熱心的家長，大家攜手捐款，有三萬的就捐三萬，不久存到五萬就捐五萬，多年後款項終於付清了。當時李登輝先生已經是台北市長，不久向他報告這個好消息，「世紀交響樂團」在衆志成城，集腋成裘的奮鬥下終於有了一個落腳的「家」！

「世紀交響樂團」有多次赴海外巡迴演奏，頗獲好評，而且每年定期都要舉行演奏會，並繼續培植幼苗。後來中正紀念堂落成，兩廳院常有演奏團體表演節目，相形之下，「世紀交響樂團」好像沒有那麼引人注目了。其實經過了二十五年的時間，當年十歲的團員很多已從奧國、德國、美國留學歸來，投入音樂界，成爲新進音樂家，或在國內大專音樂系提攜教導後進。

「和友合唱團」歌聲不老！

此外，郭維租夫婦也是「和友合唱團」創立時的基本老團員，這個合唱團於一九七一年在台北成立。創辦人是杜德和醫師，團員以醫生家庭爲主體，加上親戚好友組合而成。前年舉行過一場盛大的二十周年紀念演唱會。最初由榮星的鄭煥璧教授擔任指揮，爲期五年。後來請陳榮光教授接棒，他持續了十五年。前年夏天改由陳昺生教授擔任指揮，伴奏則一直由杜瑞燕小姐擔任。最近杜玲璋教授常來負責指導團員發聲。杜外科一家人是有名的音樂家庭。

經過二十四年的歲月，團員由成立時四、五十人到現在的三十五人左右。團員平均年齡相當高，可是聽過他們演唱的朋友認爲只聽他(她)們的歌聲，會以爲他們平均年齡只有三十幾歲，絕對不相信他們已經是五、六十歲了。指導這些阿公、阿婆唱好聽又好唱的歌，也眞難爲這幾位教授。「和友合唱團」常常唱呂泉生教授的作品，舉行演唱會前也常請這位台灣民謠的長青樹親自來指導，一直唱到作曲者自己滿意爲止。譬如呂泉生教授作曲(王昶雄先生作詞)的「阮若打開心內的門窗」、「杯底不可飼金魚」、「搖嬰仔歌」，呂教授採編的「丟丟銅仔」、「六月田水」、「一隻鳥仔號啾啾」等都是膾炙人口，十足台灣情調的民謠傑作。

台灣藝術學院戴金泉教授譜的曲子，「和友合唱團」也唱過好幾首，也請過戴教授親自蒞臨指導。一九九三年五月中國電視公司，行政院新聞局贊助製作，由謝佳勳小姐主持的「溫馨一世情」，曾放映黃瀅竹女士策畫的郭維租專訪〈愛在杏林〉，開場前半訪問了台大醫學院同屆的三位名醫：馬偕醫院院長藍中基醫師、北醫附設醫院院院長陳庵君醫師、台大醫院李俊仁醫師。在後半段的電視節目裡，看到「和友合唱團」專注演唱的神情，眞爲這些阿公、阿婆的表現而感動。一九九三年「世紀交響樂團」在國家音樂廳的演奏，郭醫師夫婦也邀我去聆賞，廖年賦教授的指揮，全體團員傑出的演奏，彷彿在訴說樂團成長的動人歷程。

郭維租爲人謙虛、好學，他說雖然從小就喜歡唱歌，但是有時候發聲的控制斂放還是摸不到竅門。經過陳榮光教授悉心指導（台北雙連教會「西羅亞盲人合唱團」創立於一九八八年，先由李鳳珠老師指導多年，奠下基礎，這兩年交棒由陳榮光教授指導練唱，盧惠慈老師擔任伴奏，發行〈紀念我〉CD、錄音帶二種，共收有16首聖歌和台灣民謠，發行後備受好評。），郭醫師認爲，發聲技巧經過名師調教，眞是得益良多，頗有斬獲。在合唱團裡還感受不到（因爲團員的水準不相上下），但在教會唱聖歌時，便能領略老師傳授的秘訣，心裡十分感激他的指導。

音樂生活陶冶了郭維租一家人的性靈和氣質，基督信仰讓他們懂得感恩和回饋，使他在每一個奉獻的領域裡，步伐堅定，心意純淨。

歌德說：「一個人在他的生活圈子裡，每天應該欣賞一幅名畫、朗誦一首詩歌、聆聽一首名曲、閱讀一本名著。庶幾天賦美麗的靈魂，才不致被世俗的煩惱所蒙蔽」。

不愧是文豪名言！

史懷哲在自傳裡曾說：在非洲叢林中行醫半個世紀，彈奏巴赫的作品，是他工作中最大的安慰，也是生活中所儲積的力量源泉。唯有音樂，才能讓他們暫時忘記生活的憂煩和愁苦。至於世俗的是非與評斷，人世的榮名，在優美的旋律裡，就像隨風而逝的雲彩，在心靈中早已了無痕跡……。

一九、悲歡歲月

歲月的光輪，就像那個畫面一樣，無聲地旋轉，轉去了悲歡歲月，轉去了喜悅，愁苦和喟歎，轉去了玫瑰色的臉頰，轉去了柔軟矯健的身手，轉去了無奈的河邊春夢！

回顧來時路

記敍完郭維租醫師伉儷走過的腳踪，我覺得這本傳記可以做一個總結了，我想起歌德那本自傳《詩與眞實》只寫到他離開故鄉前往威瑪時，正是二十六歲青年。日本第一個諾貝爾物理獎得主湯川秀樹的自傳《旅人》也是從出生寫到二十七歲他把英文論文提到數學物理學會爲止。著名導演黑澤明的自敍傳《蝦蟆的油》在四十歲那年完成電影作品《羅生門》時戛然停筆。史懷哲完成那本自傳《我的生活和思想》時是五十六歲，日後他在非洲以九十高齡安息在蘭巴倫，他再也沒有爲他的自傳增加半個字，優美的絕響或天籟，不宜有任何別的雜音。這些年我雖然把心力集中在本土人物傳記寫作上，但是我寫作的水平當然和我經常閱讀的傳記有一段難以丈量的距離，這一點我倒有自知之明。

不久前，我看到一位經常讀傳記的朋友談到，任何一本傳記如果看完三十頁而沒有寫出傳記主人公赤裸裸的懺悔和告白，他就絕對不會再往下讀下去。布溫(Catherine D. Bowen)更斬釘截鐵地說：「撰寫傳記時，事實和虛構的部分不應該混淆不清，如果把它攪混，那麼印成書的時候，虛構的部分應該用紅字，事實的部分用黑字。」這些話眞令從事傳記寫作的我冒一身冷汗！

本書的主人公，出生的地方社子和我的故鄉士林只有一座吊橋之隔，這座頗富詩意的吊橋，曾是我童年、少年時代保存許多回憶、鄉愁的地方。我做夢也沒有想到有一天我會著手撰寫這本《都市叢林醫生》，也萬萬想不到在士林行醫的父親曾和郭醫師有過交會的時光。

初識郭醫師夫婦是在一九七六年「史懷哲之友聯誼會」，通過這個團體，我見到了後來對我影響極深遠的人。其中有二位：陳五福和郭維租成爲我撰寫傳記的對象，那一年陳五福博士五十八歲，郭維租醫師五十四歲。我的心願是能爲另一位也在這個團體裡認識的高俊明牧師寫傳。

歲月有如一聲歎息，一晃眼二十年就這樣過去了。一個老是把筆鋒轉向別人的作者，當然不免也要回看自己。第二次大戰結束那一年，我八歲，正好在忙著躲空襲的日子中勉強讀完小學一年級，在士林行醫的父親曹賜固（一九〇三—一九六二）那時正是42歲盛年。戰爭結束十年間，父親出生的蘭雅（現在忠誠路一帶）和郭維租醫師的故鄉社子同屬於士林鎭（後來改爲士林區）產生了全盤的變化，少年時代所見的舞台迅速消失了。

箱篋裡的底片

正式踏入花甲之年門檻的我，多年前寫完《八芝蘭隨筆》(用先父的名字發表，然後彙編的一本不到三十頁的小集子，印了兩千冊送給親友)和許燦煌、陳五福二人的傳記和這本《都市叢林醫生》，我的腦海裡不時浮起童年、少年時代的景物、影像，那一去不返的風情、建築、人物、河流……我在翻閱那本《台灣回想/一八九五—一九四五》和《打開新港人的相簿》(顏新珠編著・遠流出版公司印行)攝影集時，心情感受猶如在欣賞小津安二郎的電影，因爲日據時代的台灣市鎮在生活的風習、樣態方面確實有些地方頗似戰前的日本，然而童年時代我印象中的蘭雅卻保留著台灣鄉村風味的原貌。

父親出生於一九〇三年，許燦煌出生於一九一五年，羅東的陳五福出生於一九一八年，郭維租出生於一九二三年，四人接受的都是日治時代的「皇民化」教育，也都學醫。當時社會的步調發展不像現在這麼快速，所以如果用十年做爲「階段」來劃分，還可以看出它們清楚變化的軌跡。我甚至喜歡用交通工具的變化來標示台灣社會結構的變化。父親往診(出去到患者家診病)坐過輪子很大的人力車(黃包車)、三輪車、前面裝引擎的「里阿卡」、計程車、患者自備的轎車(家父和郭醫師都沒有自用轎車)……。

郭維租醫師一九四六年回到台灣，在台大醫院服務六年，私立林本源博愛醫院工作九年，而且都在台北，沒有回社子開業。等到他在寧夏路開設「博愛診所」時已經是一九六〇年(卅八歲)了，所以他和家父乘黃包車往診的時代顯然又有一段差距了。

在很多方面我都是開竅很慢的，我雖然從小喜愛文學，但觀察並不敏銳，我不知道人生是這麼匆遽的旅程，中學時代我初讀施托姆的《茵湖夢》時一開始就被前面的章節吸引了。男主角賴因哈德一登場就已經是一個老翁了。作者採用的是逆溯手法：「……老翁把帽子和藤杖放在屋角之後，便在椅子上坐下，兩手交叉，好像散步後藉此休息一會。他坐著，天慢慢地暗下來；不久一絲月光灑進玻璃窗，照到掛在壁上的畫面上，月光緩緩地向前移動，他的目光也不由自主地隨著往前。現在月光移到了一張嵌在樸素的黑邊鏡框裡的小照上。『伊麗莎白！』老翁嘟噥一聲；他剛剛說完這幾個字，時間驀地變了：他回到自己的青年時代去了。」

這是從文字上，我第一次刻骨銘心地感受到時間的無情！

至於從電影的畫面上，彷彿烙印般揮之不去的記憶是在士林大西路舊居斜對面，如今已荒廢多年的士林戲院，我在這家戲院看過附近孩子可以一窩蜂跑進去免費過過癮的「戲尾」(只有五、六分鐘的時間),看過台灣話劇、歌仔戲、勞萊·哈台、卓別林的默片、皮影戲、戰後日片、國語片、台語片、西洋片……。

大學時代我在這家戲院觀賞了稻垣浩執導的一部電影《車伕松五郎》(日片原名:《無法松的一生》)飾演這名性格粗獷的車伕,不是別人,正是千萬影迷熟悉的著名演員三船敏郎。這部影片的情節,我現在已經不十分記得,環繞在這個車伕和小孩之間令人心酸、落淚的場面也只留下模糊的影像,然而通過三船敏郎出神入化,幾近生活化的演技,卻令我畢生難忘:松五郎拖著人力車賣力往前奔跑的畫面,偌大的車輪不停地在眼前打轉,銀幕上出現松五郎的特寫鏡頭,由壯年的臉龐,逐漸變成佈滿風霜的皺紋加深了,頭髮由濃黑到兩鬢斑白,然後脫落,最後變成稀疏的白髮,這時鏡頭上呈現了一個老人的容顏……。

歲月的光輪,就像那個畫面一樣,無聲地旋轉,轉去了悲歡歲月,轉去了喜悅、愁苦和喟歎,轉去了玫瑰色的臉頰,轉去了柔軟矯健的身手,轉去了無奈的河邊春夢!

父親初期開業,出外往診時坐在黃包車裡,由車伕大鼻仔伯拉跑的情景閃進腦海,霎時重疊,這時熱淚不覺潸潸,大鼻仔伯過世快有五十年了吧?人力車伕是很辛苦的，晚年父親追憶盛年時代往診，坐在高高車座裡的時候，通常會把握機會擁緊隨身攜帶的診療包偶爾假寐養神一番，那麼此時在地面拉著車子跑的人力車伕，氣喘吁吁，耗費體力的滋味也能差堪揣摩了。

時間推著歷史的光輪一吋一吋挺進，沒有片刻停歇。

著筆撰寫郭維租傳記的時候，對於我，彷彿也是對消逝的影像的一種逆溯，郭醫師在忙碌的工作中提供的七萬字初稿，成爲這部傳記具有記錄片意味的基本架構，這些素材使我們兩人相差十五歲的心理時間造成的差距，一步一步拉近，從而可以大膽地雕塑郭醫師走過來的步跡。

而我，第一次探訪郭醫師夫婦的診所，那已經是八〇年代中山分局旁邊巷內(日據時代十條通)「大同博愛診所」的現址，診療室裡面擺設依舊是他們在寧夏路時搬來的老沙發、舊式體重計、追隨多年的憨厚的護士。林明輝醫師筆下那個大概使用三十年以上，桌面下凹、有如切菜砧的木桌，在記者相機的捕捉下，木桌歲月的滄桑還是清晰可見……。

這時他的五個兒女都已在國外，有一段時間次女郭順惠在台北中山醫院服務，夫婿王廼輝醫師是榮總小兒骨科主任。郭夫人王彩雲醫師由炊煮一大家子的飯菜，轉而變成孤單兩個老醫師十分單純的生活。

這對鶼鰈情深的老伴侶，還是用他（她）一貫的步調在租賃的診所爲病人看病，無論病人多寡他們仍然不改其志，按照老式接近成本的標準收取費用，半世紀的懸壺生涯就這樣過下去。

王老師封給我的博士

拙著《噶瑪蘭的燭光／陳五福醫師傳》第十六章〈難忘的一次盛會〉曾記敘一九七九年在台大醫院第七講堂舉行的「第二屆亞太地區史懷哲大會」。這次盛會與會貴賓，有當時副總統謝東閔先生和周聯華牧師、杜聰明博士、許鴻源博士、台大醫學院彭明聰院長、馬偕醫院黃文鉅副院長……最難能可貴的是曾在史懷哲蘭巴倫醫院服務的四位貴賓：阿莉小姐（Miss Ali Silver）、日本野村實博士、高橋功博士、韓國李一善博士等都蒞臨大會並發表演講，國內擔任演講者有陳五福、郭維租、高俊明等。

多年後，郭維租醫師接任史懷哲之友會第二任會長，總幹事一職輾轉交給我，因爲紀念會，會刊編輯和寫傳的機緣，於是和郭醫師有了較頻繁的交往，有一次我向他請教，我在一九七九年這次盛會刊行的特刊裡看到郭維租博士的簡介。

「郭醫師，我知道你是東京帝大醫學部畢業，並且成爲台灣人畢業於這所名校醫學部的第十二人，不知您的博士學位是不是也在母校東大取得的?」可能是爲了要在傳記裡做一個交代，有一次在他的診所裡我這樣問他。

「喔，這是您的好友王義雄老師封給我的博士學位，好在Doctor 從英文裡解釋是醫生也是博士啊!」郭醫師平常就很幽默，也喜歡自我調侃，他重提往事時一派輕鬆悠然的神情。

旅居美國多年的王義雄(後改名王清福，做傳道牧師，去牧養衆生的靈魂)，當年在台北市南港高工擔任英文教師，早年「史懷哲之友」的獻工裡，施義勝和他曾付出極多的心力。陳五福醫師把我們稱爲「三劍客」，和平主義的陳博士，所指的當然是「筆勝於劍」的筆，而不是奪人性命的利劍，別人的品題不算什麼，陳五福博士的美譽勝過師鐸獎(當時施、王、曹三人都從事教書工作，如今都已離開教職了)，時序推移，能不感慨?!

我心裡很清楚，因爲當年家父也是赴日學醫，在岩手醫專(戰後改爲岩手醫科大學)第四屆畢業。大戰結束，台灣有不少醫生取得醫學博士。我就常聽到朋友或病人問說：「曹醫師，你為什麼不去唸個博士呢？」大戰結束那年家父已經四十二歲，聽到這樣好意的詢問，他總是笑而不答。我所尊敬的陳五福博士就是四十七歲那年赴日本慶應大學醫學院眼科部研究，並設籍福島醫科大學，翌年七月以〈盲童心理動作及重建〉論文獲福島醫科大學醫學博士學位，其堅強的毅力令人佩服。

後生可畏，濟濟多士

郭維租說戰後參加母校東京大學的校友會，老友賴永祥先生（目前在美國哈佛大學圖書館工作，常在台灣教會公報撰寫〈教會史話〉的文章）就曾感慨的說：「戰爭期間，能考入東京帝大已經是躍入龍門，在烽火歲月中完成學業也是萬分艱難，有的同學很快應徵入伍，結果在大戰中犧牲了。戰後承平歲月，年輕一代常常取得學士學位後繼續攻讀碩士、博士，甚至還做超博士研究……齊聚一堂時，發現戰後一代獲得博士的大有人在，眞是青出於藍，後生可畏啊！」

一九九五年二月二十五日，曾任日本交流協會駐台大使的梁井新一也是東大校友，他在台參加同窗會時，有一次在席上說：「我因為戰爭期間提前考上高考，沒有拿到東大畢業證書就被任命在外交部做事，所以各位如果在畢業紀念冊找不到我的名字時，請不要懷疑我是冒牌混進來當東大的校友，我確實是東大的學生……」說到這裡，與會的校友們都笑了。

在學術領域分工愈來愈細的時代，高學歷顯然已經是教育生態的普偏現象。以郭維租醫師的實力和用功，做爲一名開業醫師，我相信他絕對有能力以論文取得博士學位，盛年時代他把體力全部投入於許多公益活動、義診和好幾個團體的領導和推動，當然力不及此了。《醫療與傳道》他整整編了二十多年，他自嘲自己以台灣國語主編這份月刊的時代爲「無牛駛馬」的歲月，可是我後來看了早期這份雜誌的合訂本，發現內容豐富、水準很高，眞的不簡單！

如今國內中學教師獲有碩士、博士學位的已頗不乏人。中學老師在教書二十年後如果進入師大重修教育學分或參加暑修攻讀碩士課程時，站在台上的老師常是自己當年初執教鞭時的昔日弟子。韓愈在〈師說〉一文所言：「是故弟子不必不如師，師不必賢於弟子；聞道有先後，術業有專攻，如是而已。」眞理之前，沒有年歲、輩分其他外在條件的限制！

郭維租的五個兒女（四女一男）後來都進了醫學院（三位醫學系，二位牙醫）攻讀牙醫的長女郭敬惠，日後在日本東京大學口腔外科擔任助教，並完成醫學博士學位，目前在美國洛杉磯工作，長子郭汝容和三女郭慈惠也是醫學院的副教授。親友知道他們夫婦培植了五個傑出的兒女，締造了多項的輝煌記錄，都認爲這是上帝賜給這對仁心濟世的醫師伉儷最美好的酬報。

前些日子我在報紙上讀到一則消息，台灣四大家族之一的顏家出現了一個紈袴子弟，他到底畏罪潛逃，還是削髮爲僧，是否與某一位女影星的命案有關？一切都在追緝偵察中。這不是半世紀前郭維租「高千穗號」海難生還後曾經棲宿七天的基隆顏家嗎？

人世無常，輪轉莫測，想到這裡心中興起無限的惆悵……。

郭醫師脾氣暴躁嗎？

我到現在心裡仍懷著無限的感激與珍惜，保存著行政院新聞局贊助製作，中國電視公司製作的二卷錄影帶，每卷半小時的「溫馨傳情」分別訪問了陳五福和郭維租，兩卷採訪的編寫策劃人均由黃瀅竹女士擔綱。一九九三年五月二十三日先播映了「愛在杏林」介紹郭維租的腳踪，七月，我再度陪黃女士和導播陳傳眞、攝影一行工作人員去羅東錄製「噶瑪蘭的燭光」——這兩次的經驗讓我全盤了解製作一個節目所耗費的苦心，三十分鐘的電視節目尚且如此，拍攝一部優秀電影的艱難更不難想見了。

正是「愛在杏林」裡訪問了郭醫師診所一位資深的護士，才第一次得知郭醫師五十多歲時由於承擔了診療之外太多繁重的工作，檢查出罹患甲狀腺症，台大醫院醫師偷偷問護士：「郭醫師平常對你或病人會不會輕易動怒，脾氣暴躁呢？」

「不會呀，我在他的診所工作很長一段時間了，郭醫師經常是笑口常開，和病人喜歡話家常，勸他們凡事要看開，不要庸人自擾，苦惱解決不了問題的。」

後來檢查出甲狀腺症狀的台大醫師才對護士說，從已得的症狀病歷看來，這應該是會影響一個人的情緒，平日難免脾氣會暴躁些，所以他會問這個問題。經過一番解釋，護士才恍然大悟，由於郭醫師爲人開朗、平易近人，做事診斷積極，明快，而且對病人十分有耐心，根本感覺不出郭醫師有何異狀。

有幾次我去診所和他商談「史懷哲之友會」的會務，一個已經看好病的老太太正在向他抱怨兒子、媳婦的家務事。我聽到郭醫師正在安慰她老人家：「其實你上次告訴我的情況看來，你幾個兒子、女兒、媳婦，還有孫子們都算不錯，人間也不像你所抱怨的那麼愁苦，十全十美當然是沒有的。活在人世，誰沒有煩惱呢？朋友也常羨慕我們兩老有五個兒女個個成材，都當了醫生，但是我也有煩惱啊，女兒出嫁時心裡擔心她在夫家會不會過得好？……人間事要煩的話沒完沒了，你想想，上次你告訴我孫子們也很可愛，讀書也不錯，人也應該學習感恩和滿足，活著工作，做好分內的工作就好了呀。」

老太太聽了這一番話，連聲諾諾，也覺得頗有道理，想起自家的兒女、媳婦、孫子們和別人相比的確也不差，心裡接受了郭醫師的分析和安慰，拿好藥離開了。

芸芸眾生，心理承受的壓力之大不下於來自軀體的病痛。一位好的開業醫生，不但要治療生理的病痛，更重要的是治療病人心靈的痛苦，後者比前者的醫療複雜，而且難度高，單靠鎮靜劑或鬆弛神經的特效藥其實效果不彰。

一九九五年十月十六日，台視公司〈他們的故事〉又播映了《行醫救世五十年／郭維租的故事》，看到這個節目的朋友紛紛問我：「這是大台北呀，在二十世紀行將結束的時代還有這種草地醫生?!」他們臉上流露的表情好像認爲我不是傳記作者，而是一個挖掘古寶的考古學家，我曾說郭維租醫師夫婦相伴相隨的杏林行腳有如一則天方夜譚的道理就在這裡。每一位朋友來參加過史懷哲之友聯誼會主辦的「史懷哲紀念會」，當他(她)們看到陳五福博士夫婦、郭維租醫師夫婦樸實、眞誠的氣質，多少會相信傳記作者的筆還是具有幾分眞實性！我很擔心這象徵潔淨心靈的清流是否會如同我童年看到的淡水河，變成一條怵目驚心、污濁、沒有生物能在其中泗游的臭河。我盼望這是只是噩夢，不會成爲事實。

你把我變成明星了

撰寫這本傳記的三年間，也發生了不少溫馨的事，除了上述曾在電視媒體出現的報導，聯合晚報記者劉美明小姐、黃靖雅小姐也先後用她們的彩筆記錄了郭維租的事蹟。葉姿吟小姐也爲李季準先生主持的中廣「感性時間」分別採訪了這兩位仁醫、彭海瑩女士在中廣「人間有愛」漢聲電台「花間小集」見日法師在〈恆河上的月光〉廣播節目中分別介紹了史懷哲、陳五福、郭維租三人的佳美腳蹤……。我認爲他們的事蹟會啓示我們：一個人也能活得這樣豐富而有意義！每一次和郭維租夫婦見面的時候，郭醫師總是說：「曹先生，這些日子在你們的報導下，我快變成明星了，淡水工商管理學院和大同工學院的學生會跑來仔細看看我這位老校醫呢！有時坐下來好奇地問我一些『古早』時代的人和事……」

做爲一個傳記文字工作者，雖然與拍製記錄片的攝影記者職責不盡相同，不過他們渴想重現一個時代的夢想和指標，在很多地方倒有些相通之處。問題是到底做到了那一個層次，還有其眞確性與現實在焦距上是否有難以彌補的距離，這些必然存在的問題一定多少會給讀者留下許多困擾和問號。

一九九四年九月三十日中午，我參加了許燦煌博士八十大壽的慶生宴(我根據許博士五卷一二〇分鐘的錄音帶，替他整理了一本《鴻爪屐印—許燦煌博士自敍傳》，全書七萬多字由其表侄清隆企業公司鄭祺耀總經理刊印送給親友，係非賣品)，因爲只請至親好友，在座的客人我認識的只有李鎭源院士伉儷(因爲李院士是許博士的大舅子)，其他許博士企業界的前輩、親戚兒女我也多半不熟，而在二十來桌的客人裡面，我與鄭祺耀兄毗鄰而坐，旁邊坐著一位郭慶福經理(我手邊保存著他給我的名片)因爲姓郭，談起來又是士林人，話題就說到社子國小出身，曾就讀台北二中、台北高校成爲醫生的三個人：郭萬壹、許燦煌、郭維租。

郭慶福先生知道我寫了當天的主人公許燦煌博士的傳記，因爲席宴上每一個人都得到一本。目前又正在撰寫郭維租的傳記，他很驚奇地對我說：「噢，曹先生，郭醫師是我的救命恩人呢，我年輕時候得過急性腦炎，如果不是碰到他，我可能沒命啦，他眞是好醫生！」

那天回到家裡，我心裡老是想著一個問題：行醫救世五十年的郭維租夫婦不知救過多少罹患疑難雜症的病人，參加一個宴會坐在我旁邊的就是他救活的病人！即使通過傳播媒體和文字記錄，從事這些工作的人都不可能無端創造明星，他們呈現的只是一個人走過來的生涯心路，而且無論作者多麼努力，可能記錄的只是某個層面的一角一隅而已，這是做為傳記作者的限度，也是無可奈何的囿限，除非你是一個狂妄、自我膨脹的無知之輩，否則應該具備這樣起碼的自知之明吧。

郭維租不是明星，他的可貴：正在於他們夫婦長年累月的實踐，一步一步都是他們留下的紮實腳印。

一九九四年由「少年大」——文壇長青樹王昶雄擔任會長二十年的「益壯會」曾邀請郭維租醫師蒞會報告他的心路歷程，他以本土味十足的福佬話，很自在地侃侃而談，去年「日本史懷哲之友」會友多人訪台，郭醫師在診所客廳報告時則講一口字正腔圓的日語，七十歲以上的這一代台灣人，他們身上就交織著歷史錯綜的紋路。同年擔任台灣筆會會長的詩人、評論家李敏勇先生也請郭醫師在台大校友會館演講，與會人士中有一對恩愛的老夫妻是讀了台時副刊的連載，特地從南部搭火車到台北來聆聽演講的，會長介紹這兩對夫婦見面時，彷彿走過歷史時光隧道，使人想到五十年來台灣經歷的滄桑。

生平第一個大獎

一九九五年五月二十八日，郭維租到彰化接受財團法人賴和文教基金會頒給他的第四屆「賴和醫療獎」，鍾信心女士則以長期奉獻護理工作和社會服務獲得「賴和醫療服務獎」。

聽到這個消息，我非常高興，在診所和郭醫師見面時他這樣說：「三年多來，我行醫的事蹟漸漸被報導，現在又得到這個獎，對我來說是很感意外的。我知道台灣醫學界人才濟濟，這樣的大獎會頒給我這個草地醫生，我知道是許多朋友的關心和美意促成的。曹先生，如果這本傳記出版的時候，我想用獎金買書寄贈給大專院校圖書館，你既然花了這麼多心血寫了我的行醫故事，我走過來的路，也許能提供給年輕一代不是『很成功』的榜樣，我努力做了，當然不是做得很完美，不過是這樣走過來就是了……。」

聽到這一番話，再一次想起《噶瑪蘭的燭光》印行第一版時，看到「超越九十」電視節目的吳棗堯先生得知羅東有一位眼科醫生陳五福博士致力視障盲胞教育工作長達三十六年，心中十分感動，打算捐一筆錢給「慕光」盲人重建中心，結果處處爲別人設想的陳五福博士建議吳先生用這筆捐款買下一千冊傳記送給學校圖書館和先前贊助慕光的社會愛心人士……。

郭維租醫師也懷著這樣的心意，對一個傳記寫作者來說，這絕無僅有的榮寵二次先後發生在我身上。

名作家康原先生來信說正在籌印《賴和獎得獎人專集》，所有得獎人都要收錄一篇五千字左右的文字。附錄㈠〈一個草地醫生的自白〉就是爲此所做的採訪。本土意識鮮明的郭維租醫師在翻閱台灣作家全集——《賴和集》時第一次粗略認識了作家賴和醫生的人和作品，他認爲能得到生平第一個重要大獎，又是紀念這位台灣新文學之父的賴和獎，他感到特別有紀念意義，也和妻子眞心分享這份光榮。

他(她)們夫婦——郭維租和王彩雲醫生兩人高高興興地，親赴彰化領獎。「賴和醫療獎」外面看來是頒給郭維租醫師一個人，但是七十三歲的郭維租醫師心裡很清楚，這個獎是同時頒給他(她)們這對醫師伉儷的，這個始終陪他吃苦耐勞的千金小姐，本身也是一位優秀的婦產科醫師，他(她)們共同養育了五個傑出的兒女，半個世紀來懸壺救世，堅持把「行醫」當作一種志業，默默爲自己的故土鄉親奉獻服務，在醫生的領域之外，他還從事社會公益，翻譯著述，從來不停歇他的腳步，歷經五十年，還是散放著憨厚、鄉土味的原色。

我在此記錄的就是這樣一個草地醫生，他不是傳奇或神話，而是一個實實在在的都市叢林醫生！

二十、後記

《都市叢林醫生》嚴格說是我嘗試本土人物傳記寫作的第二部，我一向採用土法煉鋼的方法，準備工作寧可多花一些時間，而利用暑假專心一口氣把它寫完。三年半前開始落筆時，傳記主人公郭維租醫師已全力配合，根據我想掌握的線索交給我七萬字的初稿，形成了這本傳記的基本架構，沒想到碰上母校士林國小創校壹百周年大慶(一九九五年六月一日)，高中時代的化學老師林振永教授，擔任士林國小校友會會長多年，他要我接下編輯重責，這本365頁圖文並茂的《士林國小壹佰年紀念專輯》整整佔去我兩年的時間，這期間鄭祺耀兄因作家鄭清文兄的介紹要我爲他的表叔許燦煌博士寫一本七、八萬字左右的傳記，因爲許博士也是社子出身，他們夫婦行醫的地方只與先父開設的「士林診所」相隔一條街，後來我根據許博士口述的五卷錄音帶、幾經查證探索終於完成了《鴻爪展印／許燦煌博士自敍傳》，此書由鄭祺耀總經理斥資印行，送給親朋好友，對外不出售。初版一千冊（後來因爲有些小錯，又印了一千冊修定本）印行後半年，許博士以八十二歲高齡辭世，能爲這位由醫學界走入企業界的同鄉前輩留下個人記錄，心裡在感傷之餘，還是慶幸畢竟爲他老人家完成了一樁心願。

由於這兩樣工作交疊在一起，使原來已經在推動著手的這本傳記有一段時間完全停擺下來。

一九九五年五月二十八日，郭維租榮獲第四屆「賴和醫療獎」。他（她）們夫婦親赴彰化接受財團法人賴和文教基金會的頒獎。行醫救世半世紀的郭維租獲得這個肯定，他自己感到很意外，但對五十年來在台北市堅守「草地醫生」本色的老醫生來說，這項榮譽也帶給他們夫婦人間的溫暖，印證這些年來他（她）們對鄉土長期的服務和奉獻，也得到該有的評價。

末了我要感謝陳五福博士爲這本傳記寫了序文，當時正在日本東京接受肝動脈栓塞治療的陳博士始終惦記著這本書的出版，他很高興和他交往二十多年的老友郭維租的腳踪如今也留下了記錄。

在執筆期間的三年期間，我得到很多前輩、好友無私的協助。譬如單爲第六章「台北高校」中的校歌(一、二)的翻譯，我先後請名譯家吳憶帆兄根據原文譯成中文，然後請鍾肇政兄潤飾，再請昔日同事、精於詩詞的名書法家李金昌老師以七言古詩體譯出，書前扉頁的題字也是他的墨寶。

負責《士林國小壹佰年紀念專輯》日文稿部分的陳絢暉學長前幾年曾把證嚴法師《靜思語錄》第一集譯成日文在日本出版，極得好評。他聽到我正在寫郭維租傳記，很熱心地把郭醫師的日籍好友長谷川太郎在台灣聽到郭醫師的二次證道詞寫出來，陳絢暉兄知道我的日文不行，又把它譯成中文交給我。

三年前因鄭清文兄的介紹參加了有二十年歷史的「益壯會」，由「少年大」文壇長青樹王昶雄擔任會長，每個月聚餐一次，每月會上照例邀請客人做半小時左右的演講，在這裡我認識了很多位在日據時代即嶄露頭角，迄今仍活躍於文壇的前輩。其中的會員之一林彥卿博士，是大橋名醫，也來自醫生世家。知道我在寫郭醫師的傳記，非常熱心的交給我一篇內藤健吾先生撰寫的長文，報導內藤親自經歷的高千穗號海難歷險記，他也是這次大海難中的生還者之一。這篇文字也由吳憶帆兄精心翻譯成中文，這分寶貴的資料，加上郭維租醫師本人的記錄，使我在處理第十章「高千穗號海難」時，彷彿置身「鐵達尼號沈沒記」的現場，因為內藤和郭維租二人在船上不同的位置落入大海，也是在千鈞一髮，險象萬狀的情況下攀上救生艇……

書前的三十幀照片，除了郭醫師本人提供的部分，勞動知友文經出版社主持人吳榮斌兄請他的同學攝影高手鍾豐義兄親自出馬義務拍攝，書中早期社子一些眞實記錄則是我士林高中昔日門生郭俊廷寫給我的。

假如這本傳記留存了一些寫實、珍貴的記錄，這些友誼和無私的協助是我不能忘懷的。

在結束這篇後記的時候，聽到長谷川太郎先生於一九九六年一月四日不幸病逝東京，他老人家已交代兒女要把遺體捐給台大醫院做解剖——為日本人在二次大戰所犯的罪愆獻上他的軀體，雖然這個心願不能實現，但其子女將依照他的遺言，把骨灰分別放在日本、大陸、台灣度過他七十四歲三個不同階段的土地。這本傳記原本不可能譯成日文，長谷川先生如今已經作古，更不能閱讀此書，但是他寫的郭醫師證道詞至少已經留在這本《都市叢林醫生》裡了，謝謝這位日本前輩友人的那份心意，願他的靈魂在天國安息。

末了，也謝謝內子鍾玉澄多次為我的傳記附錄所做的英譯，這花費了她不少時間和心力。旅居美國的林衡哲醫師爲了《雕出台灣文化之夢》、《開創台灣文化的新時代》(二書均爲林衡哲醫師的著作)，多年前在洛杉磯創立了台灣出版社，著手出版這一套「台灣文庫」。後來這套書交給台灣前衛出版社發行人林文欽兄以「新台灣文庫」同步全球發行，水準和分量皆備受海外矚目，我寫的傳記能成爲這項大工程中的一磚一石，這是何等榮寵！重然諾的林衡哲醫師和林文欽兄能全權讓我選擇傳記主人公，這是我最感激不過的，寫作人能有一個自由的創造空間，等於有了空氣、水分和陽光，這比什麼都重要。

只見過幾次面的林衡哲醫師，三十年前鼓勵張淸吉先生創辦新潮文庫，他譯的《羅素回憶集》、《羅素傳》和編譯的《廿世紀代表性人物》等書成爲這套文庫的新座標，三十年後我從教書工作退休，進入新潮文庫編輯室工作，這是多麼奇妙的機緣，迄今仍在信仰的路上流浪徬徨的我，相信這是神的安排。

人生的諸多際遇，找不到它的緣由，跋涉山路的途中，我不能忘記許多朋友給我的友誼，他們的鼓勵、協助，除了表示眞誠的感謝，我還能說什麼呢!?

一九九六年一月十四日

史懷哲誕生121年

附錄(一)

一個草地醫生的自白

郭維租／口述
曹永洋／記錄

典型的小農村

一九二二年我出生於士林鎮社子。我的故鄉當時仍像散布於台灣各地的小農村，當時這個小鎮的人口只有二萬五千人左右，彼時正是日本治台第二十七年，後來我才知道被吳濁流先生稱爲「亞細亞孤兒」的台灣，已經歷了西班牙、荷蘭、鄭成功父子、清朝、日本統治的曲折而坎坷的歷史命運。

我的故鄉社子，地理位置東、西、北三面分別由淡水河和基隆河環繞，南邊與大龍峒交界，尚有一條番仔溝的河道把基隆河和淡水河連接起來，從高處鳥瞰或平地眺望，社子儼然有如一座島嶼，今天站在車水馬龍的基河路，絕難想像七十年前我故鄉的景象。那個饒具農村風味的鄉村已經成爲大台北的一環，曩昔的鄉景已在舞台上完全消失了。

祖父母那一代原以務農爲生，由於到了父母親這一代都是小學教師，郭家這一房遂由「農」轉而爲「士」。我是家裡的長子，當時父親郭林田、母親郭陳爲治都在故鄉社子公學校教書，小學校給日本子弟「內地人」就讀，公學校給本省子弟讀。母親後來生下第三個孩子時辭去教書工作。

教育歷程

我在社子公學校接受六年小學教育，得到幾位良師的教導，五、六年級級任導師藤原先生初出校門，由日本來台任教，他幫助我在語文、數理方面打下紮實的根基。畢業兩班學生中我是唯一報考台北州立台北二中（今日成功中學）的考生，結果金榜題名，能進入這所本省子弟菁英薈萃的中學，猶如出了狀元一般轟動。這也難怪，從社子公學校記錄查看，郭萬壹（我的堂哥）、許燦煌和我是最早進入台北二中的前三人，後來三個人分別在長崎醫科大學、台北帝大（今台灣大學）、東京帝大完成醫學部課程成爲醫生，許燦煌博士後來則離開醫學界成爲成功的企業家。

日據時代中學學制是五年，我唸完四年，提前一年考入等於是大學預科的台北高校（分文理二科，唸三年，主修語又分德文或英文二類），這所學風開放、自由，被學子視爲狀元學校的名校，本省子弟想要考進去有名額上的限制，日本子弟則保有固定的錄取名額，錄取生中本省子弟僅佔四分之一。三年台北高校，我的成績在班級仍位居前三名。平心而論，台北高校師資都很優秀，在追求知識方面我得到很大的滿足，但是十七、八歲的青年，已經清楚地感受到投入太平洋戰爭的日本那股強烈的軍國主義氣息。日本同學不期然流露的那種權貴子弟行徑，有一部分更是跋扈傲慢，想到大學還要跟這些人相處（當時大學學制三年，醫學部四年），心裡覺得很不是滋味。這種體驗和氣氛與本省子弟衆多的台北二中截然不同，動念想去日本讀書的願望也許就在這時埋下了種籽。

江學長的一句話

以我當時的家庭環境，赴日本留學還是很大的夢想，因爲七個兄弟姊妹陸續降生，全家靠父親小學教員的收入，辭職的母親在家做裁縫，飼養家禽，貼補家用，我在學校成績雖然一直不錯，但是做爲長子的我，深知家裡弟妹有待培植，我怎麼敢開口向父母說我想去日本留學呢？

台北高校第三年暑假，高我一屆的江萬煊學長從日本回來度假，當時他已考進東京帝大（戰後改爲東京大學）醫學部，我把自己的家境和想法告訴江學長，江萬煊兄認爲他新竹的家境也不寬裕，他住在「高砂寮」（宿舍）省吃節用一個月六十元便可以生活，這一句話鼓起我的雄心，回家向父母表白自己想去日本唸書的計畫，沒想到一向重視教育的父母竟答應了我的請求，就當時的情況來說，家裡把一切的希望押注在我這個長子身上了。

東京四年

一九四二年（20歲）我和台北高校同班第一名的秀才余秋生一起到東京，兩人同時考進東京帝大醫學部。第二年一月中旬我在東京邂逅了信仰導師矢內原忠雄，他改變了我一生的思想方向。同年三月十六日我搭乘「高千穗號」商輪回台省親，不意遭到海難，我九死一生，成爲二百四十幾個生還者之一，好友余秋生同學不幸罹難，多麼令人惋惜！

東京四年(一九四二—四六)我在戰雲密佈的烽火歲月中完成醫學部的課程，也在東京留學期間和王彩雲小姐認識交往，她當時就讀於帝國女子醫專(戰後改爲東邦大學)，這位出身嘉義朴子醫生世家的千金小姐，後來成爲我的終身伴侶，她比我早一年完成學業。我則在一九四五年三月完成醫學課程，同年八月十五日日本宣布無條件投降，我也在九月領到畢業證書和醫師證書。王彩雲和我等於都在二次大戰終結前完成最後的教育。

二二八事件的悲劇

一九四六年(24歲)五月，我踏向歸鄉的旅程，進入台大醫院第一內科服務，當時助教仍然是不支薪的工作，這點恐怕很難令人相信吧。婚後我們先住在父親社子國小的宿舍，內子進入「迎婦產科」服務，以這份薪水維持家裡生計。不久，我也到啤酒公司兼職。戰後初期的台灣社會，大家的生活都很清苦。

但是返鄉後第二年—一九四七年二月二十八日發生震撼全島的歷史悲劇。這場殘酷的屠殺使許多菁英、學生和無辜的百姓喪失了寶貴的生命，台灣進入了長達三十八年(一九四九—八七)的戒嚴時代。最可怕的是其後的白色恐怖，株連、逮捕，使台灣戰後進入荒謬的一言堂「噤聲年代」，這種促成台灣生態產生病變的後遺症和擺脫不掉的陰影，大大扭曲、戕害了每一個人的心靈。親眼目睹這場悲劇序幕的我，當時二十五歲，我的親友同儕有的在這場劫難中犧牲，有的受到連累，長期生活在恐懼、冤曲的桎梏中，每一次回想，心中猶有餘悸。

後來我在台大醫院服務了六年，一直做到內科主治醫師，那幾年我們暫住於台大醫院宿舍，長女、長男、次女三個孩子在這段時間降生。辭去台大醫院工作後，我進入私立林本源博愛醫院工作，開始過薪俸階級的日子，不久全家搬到浦城街木房居住，三女、四女相繼在此出生，這幢木房後來失火，改建為一幢二層樓的水泥建築。

林木源博愛醫院解散後，我和內子兩人結束了在私人醫院朝九晚五的上班生涯，在台北市寧夏路租屋開設「大同博愛診所」，那一年我是三十八歲。我們在寧夏路行醫將近三十年。六年前，我們搬到中山北路二段，一直到現在，將近半個世紀的懸壺生涯中，十五年在醫院服務，其他三十五年的開業生涯中，我的診所到現在還是租賃的。雖然有五十年的時間我都在台北市工作，兩人都是留日醫生，可是我們仍然保持老派的草地醫生風貌，我們很勤奮地工作，但卻沒有發財，不要說稅務人員，連親友都不太能接受這個事實，我把這個歸因於祖父替我取的名字有「租」這個字，也許這是命中註定吧。太太卻瞭解我是不會算帳的土包子，我很感謝這位千金小姐這樣陪我度過了半世紀清簡、樸素的歲月……。

上帝的賞賜

行醫半世紀，我擔任過「台北基督教醫學協會」理事長、「中華民國基督徒醫學協會」理事長、協助創立「世紀交響樂團」，多次出國巡迴演奏，完成音樂國民外交工作，擔任樂山園董事、台灣麻瘋救濟協會會長。和青年醫師攜手參加原住民深鄉義診，中日韓合辦的醫療服務，泰國難民營的醫療服務，目前仍擔任「史懷哲之友會」會長……這些工作使我的精神和心靈感到充實。能在我的本行之外，做一點社會服務，使自已回顧走過來的憂患歲月，感到沒有虛度此生。我們一家人都是虔誠的基督徒，能做上帝的兒女，對我來說是一種福分，我也定期爲上帝做見證。我曾擔任《醫療與傳道》雜誌編輯長達二十多年，這些年我也陸續翻譯信仰恩師矢內原忠雄的宗教著作及同師門高橋三郎先生的作品，希望這些靈糧能給正在信仰上探索的年輕朋友一些幫助。

二十一歲那年，我搭乘「高千穗號」商輪，因遭魚雷擊中擊沈，落海後在海中浮沈好幾小時，才攀上已經坐滿定額兩倍人數的救生艇，這一次奇蹟般生還，我心中一直認爲是上帝接受了我的呼求留下我這條生命。假如五十年來我所從事的社會服務能稍微補償我感恩的情懷，那麼當年的許諾和心願也算有了交代。

最大的財富

上帝賜給我們五個聰明乖巧的兒女，四女一男，他(她)們從小知道上進，也能感受父母親雖然都是醫生，我們所過的生活也只是小康而已。這五個兒女後來全部考入醫學院，二個牙醫、三個醫生，女婿中有三人也是醫生，郭家到了我這一代又由「士」轉而爲「醫」，變成十個醫生的家庭。內子王彩雲本來就是嘉義朴子醫生世家出身，她們王家總計三代從事醫學領域工作的大概有四十多人以上，這算不算是台灣有數我不知道，恐怕要請台灣史料專家莊永明先生查證才能確定。我始終認爲從事醫學工作並不是用來賺錢的職業。如果從經營，管理創業的觀點來看，我們誠然不是成功的例子，在台北市當年醫生還不是很多的情況下，即使台灣戰後初期受到物質條件的限制，如果想刻意憑藉自己專業的能力來營利，我們的機會還是蠻多的。眼看後來綜合醫院林立，眼看別人起高樓，我們近四十年的開業診所始終「維持「租」賃的狀態，到五十多歲才在忠孝東路買了現在的寓所(如果拖到現在可能也買不起了)，雖然置產太慢，但一切能求心安就好。

長大的五個兒女在醫學院完成學業後，陸續出國深造，也各自成家，他(她)們現在定居美國，在自己研究專長的領域中都有傑出的表現，這使我們兩個老人感到很安慰。十一個孫子都活潑可愛，很喜歡和阿公阿媽每年兩次短暫的相聚。

平生第一個大獎

兩年前報導我事蹟的傳記《都市叢林醫生》前十章開始在台灣時報副刊連載，也有幾家報紙記者和廣播記者陸續來診所採訪，黃溎竹女士為中國電視公司溫馨傳情製作了〈愛在杏林〉，後來台視公司製作了〈行醫救世五十年〉等電視節目。沒想到今年(一九九五)五月二十八日我竟得到了賴和醫療獎，對我來說，這是平生第一個大獎。

賴和醫師(一八九四—一九四三)是台灣醫學界的前輩，日據時代加入台灣文化協會，曾因治警事件被捕入獄。做為一個醫生，他是彰化父老心目中的仁醫，在思想上，他是反抗日本殖民地統治政策的志士，最可佩的是他留下的創作如〈鬥鬧熱〉、〈一桿稱仔〉等小說，對現實生活，民衆的心聲，封建社會的陋習……都有深刻的針砭，素有「台灣新文學之父」的美譽。台灣醫學界人才濟濟，我能獲得這一項崇高的榮譽，相信這是很多朋友的美意促成的。這些年從事台灣民主政治運動，帶領大家勇敢走出「二二八陰影」的陳永興醫師伉儷建議曹永洋先生撰寫我的傳記時，我已經感到十分意外，沒想到我這一個平凡的草地醫生，竟能得到這樣的肯定，實在出乎我的意料。

前衛出版社刊行「台灣作家全集」，張恆豪主編短篇小說卷「日據時代」階段收有《賴和集》小說二十篇，這些作品彰顯賴和先生高度的文學良知，充分流露強烈的民族精神，字裡行間洋溢著鮮明的反抗色彩，深刻的人文關懷。一個人能在短短五十年的俗世生涯中，一面以醫道救人，一面以凜然巨筆寫出台灣人的心聲，一生不穿日本和服，堅持不用日文而用中文寫作，具體表現台灣人的風骨和氣節，緬懷其人志節行誼，讀其文而思其人，令人肅然興崇敬孺慕之心。

奇妙的偶然

前面我說過，一九四三年對我是奇妙的一年，那是我赴日留學考進東京帝大的第二年，那年我二十一歲。一月中旬我在日本邂逅了無教會主義領導者矢內原忠雄，當時他已因反對軍國主義政策被迫離開東京帝大，不能在大學教書。三月十六日我搭乘「高千穗號」商輪返台省親，商輪不幸爲美軍魚雷擊中，我在上千人喪生的大海難中僥倖生還。今年五月榮獲「賴和醫療獎」後，覽讀《賴和集》，發現賴和醫生曾於一九四一年十二月因抗日運動再度入獄達五十天。在獄中撰述「獄中日記」，因病重出獄，一九四三年一月三十一日以五十歲盛年走完他的人生旅程，痛哉！原來賴和醫師也是在一九四三年離開世界，當時二十一歲的我，正徘徊於人生交叉點的關口上，做爲青年醫學生的我，無論在信仰探索和人生追求指標上，當時尙處在摸索和抉擇的階段，結果就在那一年三月十九日上帝用太平洋冰冷的海水給我做了特大號的洗禮，這一次重生對我日後的生涯發生了決定性的影響。

如今我已是一個七十三歲的老醫生，我和內子過著近乎半退休狀態的開業醫生生活，每天看一些已經變成朋友的病人，三十年來和太太輪流擔任淡水工商管理學院的校醫，這幾年也在中山北路的大同公司、大同工學院兼職。業餘也譯書自遣，假如時光能倒流，對於走過來的青春和盛年歲月，我無怨無悔，一個人能活下來，在自己專攻的領域裡奉獻所學，做一些社會服務和公益事業，藉此回饋生養我們的土地，這樣也不算虛度此生了。

本文收入 賴和獎得獎人專集

一九九五年十二月修正稿

附錄(二)

都市叢林醫生傳奇

黃靖雅

在台北市中山北路幾條通幾條通的漫漫紅塵裡，一家家緊挨的酒廊、賓館、卡拉ＯＫ，在白天，或許因爲大門深鎖、霓虹招牌黯淡而顯得荒蕪，白晃晃的陽光下，一種彷彿縱慾後的疲憊，壅塞在異樣寂寥的巷道裡。

在這裡，你很難想像，竟然會有蓮花般的人、燭光般的心；你很難想像，有個老醫師正以一種農業社會式的淳厚，在他巷口的小診所裡，安靜的等候病人上門。

少年心願 一世堅持

偶爾會有身上溢著菸酒味的女郎，推門進來，用她濃妝半褪的臉，疑惑的看看診所裡簡單、略顯陳舊的裝潢，說太累、人很虛，要求老醫師以夜生活女郎們習慣補充體力的方式，幫她「吊大筒仔（打點滴）」，老醫師不肯，只是殷殷地勸她少抽點菸、少喝酒、早點睡……

這位勸不夜城的酒女「早點睡」的老醫師，叫郭維租，在行醫半世紀後，仍在台北中山分局後面一間租來的小診所裡，和妻子王彩雲醫師，一個人看內科，一個人看婦科，在繁華如火的花花世界，像一個農業社會的鄉村醫師，過著簡單的看診日子。

當年與他同期的同學，早已成爲千萬名醫，他這間診所還是租來的，當了幾十年醫生，連間診所都是租來的，但他不以爲意，因爲他賺到了一分這個城市大部分人所欠缺的東西：安心。

當台北越來越像個冷漠的水泥叢林，在高度的物質文明中，生存法則卻越來越原始、赤裸。七十二歲的郭維租醫師，還堅持他少年時代的心願，以一種舒緩的節奏，在他始終不壯大的「大同博愛診所」，細心看病、婉言勸慰、收接近成本價的醫藥費，不知不覺地成為一位舊式老醫師的典型。在台北，在風花雪月的中山區，越來越像一則罕為人知的「叢林傳奇」。

一場海難 改變一生

最近，這位老醫生的傳記故事，將由曾撰寫過「台灣史懷哲」陳五福醫師傳記《噶瑪蘭的燭光》的作家曹永洋，在郭維租的授權與口述下，記錄成書，書名叫《都市叢林醫生》。從前年開始，曹永洋經過近兩年的訪談、撰稿，全書將於近日完成郭醫師最近生活狀況的部分後，出版問世。在這個醫德橫遭質疑的年代，希望這位老醫師的故事，能拭亮人們早已淡忘的溫潤記憶，重新記得「醫生，是救贖生命的良心事業。」

要談郭維租醫師的故事，就必須從五十二年前一場著名的海難說起，那是改變郭維租一生的大型「洗禮」：高千穗號海難。

一九四三年三月十六日，二十一歲的東京帝大醫學部學生郭維租，在二次大戰末期太平洋戰爭濃密的戰雲下，和一千多名日、台旅客，搭上從日本開往台灣的大客輪「高千穗號」，十九日當船航行到彭佳嶼附近時，遭美軍魚雷擊中，船隻沈沒，死難上千人，成爲二次大戰期間東海一帶最大的海難之一。

郭維租落海之後，在海中載浮載沈游了好幾小時，才和其他一百二十三個幸運的旅客，倉皇爬上了一艘只能乘坐六十人的救生艇，在完全沒有水和食物的困境下，他們就憑著這艘超載一倍以上、險象環生的救生艇，在海天茫茫中划了兩天，到了彭佳嶼群島，才被琉球的漁船救起來，撿回一條命。郭醫師回憶，當時只有兩艘救生艇上約兩百五十名的旅客獲救，其餘上千人都在船難中葬身海底。

實踐諾言　奉獻餘生

郭維租在日本學醫期間，受到曾著有《帝國主義下的台灣》等書的人道主義思想家矢內原忠雄影響以來，一生信仰上帝，並終身以實踐信仰爲職志，但多年來一直未受一般基督徒所受的洗禮，直到近年才正式「註冊」做個基督徒。之所以如此，郭維租笑說，信仰最重要的是心靈，而不是形式，「何況，二十一歲那年，上帝已在太平洋裡對我施行了一次特大號洗禮了！」

就是在海難發生後在茫茫大海漂流的那兩天，郭維租對自己、也對上帝說：

「如果我活著上岸，餘生將完全奉獻給病苦的人。」於是當他奇蹟般獲救後，果然用半個世紀的行醫生涯，來實現他在小艇上許下的諾言。

在「高千穗號」海難獲救之後，郭維租返台一個多月後再赴日，繼續未竟的學業。戰後第二年返鄉，進入台大醫院內科當助教（後升爲總醫師、主治醫師），六年後，再進入私立林本源博愛醫院服務了九年，在醫院解散後才自己開業，迄今已有三十五年，到今年行醫正好半世紀。

五十年來，他除了前十五年領固定薪水外，後來當了一般人認爲可大賺其錢的開業醫師，尤其是三十五年前和太太王彩雲醫師一起開診所，在一般人想像中，他們累積的財富大概已極爲可觀了。

其實正好相反，就因堅持收接近成本的醫藥費，加上郭醫師青壯年時期曾有很長時間投入痲瘋病第一線醫療、原住民義診等公益事業，所以診所收入多年來僅夠養家，有時還得靠他在淡水工商管理學院和大同公司當校醫的收入，才能打平診所的租金、護士薪水等基本開銷，更別提用盈餘來購置自己的診所了。

「這是命中注定，誰叫祖父幫我取的名字裡，有個『租』字！」對自己一輩子必須租別人的房子當診所，郭維租一點都不介意的開自己玩笑，一旁的王彩雲醫師則笑著糗他：「他不會算賬啦！」兩個留學日本的醫師行醫幾十年，只賺到老來互相取笑的坦然，但這兩個笑得華髮亂顫的老醫師，對物質上的半生清簡，顯然不怎麼在意。

千金小姐遇上窮學生

說起王彩雲，可不是一般想像中，只是附庸於醫生丈夫的「好命先生娘」，而是一位在專業領域可以平起平坐的婦產科醫師。她出身醫師世家，迄今家族中醫師之多，堪稱國內一項罕見的紀錄，父親王清波是嘉義朴子的名醫，而她在女子罕受高等教育的日據時代，就留學日本，畢業於東京帝國女子醫專（戰後改名「東邦大學」），如果不是嫁給郭維租，她這一生的日子怎麼算都會像童年一樣，優渥有餘。

半個多世紀前，當她在東京遇到郭維租時，是個標準的「千金小姐遇上窮學生」的故事。當年郭維租留學日本時，當小學教員的父母要養家裡七個小孩，無力獨自負擔全家生計，全賴母親養豬、養雞、爲人做衣服，每月辛苦省下八十元，寄到日本給郭維租當生活費。而千金小姐的王彩雲，銀行戶頭裡始終存著幾千元，領去一點，台灣家人立刻補上，完全不虞匱乏。

所以後來戰事吃緊，日本和台灣之間匯款經常中斷，郭維租眼看就要斷糧，王彩雲就經常藉名目請郭維租吃飯。兩人回台灣結婚後，郭維租有段期間在台大當助教，是無給職，全家都靠王彩雲養，她豐厚的嫁妝因此全貼光了。

後來郭維租開業後堅持只收接近成本的醫藥費，並投入公益事業，王彩雲也完全配合，從此「千金小姐」也開始記賬，截長補短過日子。對這位一生最重要的支持者，郭維租常打趣說：「看吧，我什麼都不會，就是會娶老婆！」王彩雲則頑皮的贊同說：「可不是！」

殷殷問診　朋友相待

早年郭維租想當醫師的念頭很簡單，只是因為家在台北社子島，阿公、阿媽生病都要老遠到台北請醫生，非常不方便，他心想如果社子有個醫師就好了，後來妹妹兩歲時因肺炎去世，更加深他學醫的心願。也許因緣際會，當年一心想當「鄉下醫生」的郭維租，倒是一直留在台北市內，只是心境上一直保留「鄉下醫生」的淳厚，看病時所有的病人都像鄉親故舊，可以抱怨、可以問問題、可以尋求安慰。

「在大醫院三分鐘看不好的，才來看我這個老醫生。」郭維租一面調侃自己，一面也說明診所的眞實情形。也許是一般人迷信大醫院，目前他的病人的確以老人居多，一些老病人也都成了老朋友，來診所看病順抱怨婆媳問題，也是司空見慣。只見老醫師緩言勸解，耐心傾聽，如果不是窗外巷子裡綺麗的霓紅燈，夜闌時分就開始閃爍，眞令人懷疑這是不是九十年代的台北。

晚上八點，等這對七十多歲的老醫師夫婦，關掉「大同博愛診所」的招牌燈，拉上診所大門，相伴走出巷子時，中山北路的夜正年輕，幾條通幾條通的歡樂和慾望才剛醒來，在沒有陽光的時候，整條巷子反而比白天更繁華。老醫生似乎沒注意到這些，在夜色中靜靜走出去。五十年前他們已不在意那些浮躁的繁華，何況五十年後？他們只知道，明天早上九點，陽光再升起來時，他們還會準時打開診所的門，一如幾十年來的每一天。

轉載聯合報／鄉情版

附錄(三)

您是醫師還是牧師？

郭敬惠醫師

曾聽過病人問家父道：「大夫，您到底是醫師呢？還是牧師呢？」因爲在家父的診療室內的小書架上，除了一些醫學雜誌外，就是一排排的聖經注釋及其有關的書籍。家裡的書架也是如此，記得光是全套內村鑑三及矢內原忠雄二位先生(均是日本有名的信仰前輩)的全集就有好幾十冊之多。

家父是一位醫師，曾在日本的最高學府接受良好的醫學教育，也是在那時接觸到基督教的信仰。這信仰不僅使家父受到很大的薰陶，連家母及我們五位兒女們也深受其影響。由於基督教的信仰，父親從小就教導我們要有感恩知足的心，所以我們一直對物質、金錢的觀念十分淡薄。以前常常不能明白有的同學的父親同樣一天可以看一百多位病人(尤其遇到流行性感冒時)就能有很可觀的收入，而我們的父親卻一直到現在連診所仍是租來的，甚至連稅捐處的人也不相信而要求調閱病歷及賬簿，因爲我們的收費遠低於別的診所的平均收費。只有母親知道父親常常爲了同情家境清寒的病人往往連藥的成本都拿不到，甚或被賒賬。此外父親拒絕作不必要的注射，反對動輒用特效藥，且常常會對病人「說教」，要他們凡事看開些，以排解一些諸如婆媳之間的小糾紛。我們也曾因診所在鬧市中太喧嘩而要求父親將診所遷移到較安靜的地區，但父親則反問我們：「我們的診所名爲『博愛診所』，若是遷走了，這一帶付不起醫藥費的人怎麼辦?」所以我們的診所就一直在鬧市中存留了下來，直到最近因房東想改建而不得不遷移。這些支持父親如此作的理念不可說不淵源於他對上帝的愛及仰望。從我們還是學生時代一直到現在，父母親幾十年來積極參與帶領週日及週五的家庭聚會，後來由筆者在日本的教會的弟兄姊妹們處得悉，他們曾是父親在台北主領的一個日文查經班的班員。此外，家父也非常關心基督徒醫學生們的山地醫療服務，不是親自參與就是提供醫藥間接參與，對救贖的工作也很積極，而現在則更對日漸突顯的社會高齡化問題極爲關切。

以前筆者旅居於日本時，父母時常會趁到日本開會或到美國探望孫子們時路過一、二天，雖時間不多，家父總不忘到「紀伊國屋」(日本有名的書店之一)去報到，看看有沒有什麼新書，而令母親大喊行李裡的書本太多太重了。現在筆者移居加州，父母偶爾可來小住一、二週，這又使我有了另一發現。父親雖來美開會或度假，卻也常見他伏案作「功課」。原來最近家父忙著翻譯一些日文的宗教著作和聖經解釋，這對從小只受日文教育的父親來說又是一大挑戰。記得以前家父擔任《醫療與傳道》的主編時，常要我們幫他把他的「台灣國語」改得較國文化一些，而現在我們則大多遠離他鄉，家父便請了一位國文老師，所以雖度假在外，仍不忘隨時提筆作作業。除了信仰以外，家父對音樂也很有興趣，曾是世紀交響樂團的團長。二十幾年前開始與一些志同道合的醫師夫婦朋友們組成一個合唱團，每週練習一次，曾多次登台演唱。所以來美小住時，除了翻譯的「國文作業」以外，也常見他拿出帶來的「音樂作業」，獨坐鋼琴前用單指伴奏邊彈邊練，自得其樂，這種活到老學到老的認眞精神也使我們大受感動。

實在感謝上帝的恩典，讓我們擁有這麼一位深深愛主且淡泊名利的父親，也讓我們有一位深深了解父親且不時支持著父親的母親。感謝上帝，藉著父親把我們這此子女也帶到了上帝的面前，更因著父親的信仰、見證而影響了我們的人生觀及價值觀。願上帝繼續保守、重用父親，使上帝的名得以彰顯。

轉載台灣教會公報

附錄(四)

記恩師郭維租醫師

林明輝

郭維租醫師並不曾在大學開過課，而我也沒有正式在醫學院上過他的課，但是對我來說，郭醫師是影響我極深的一位醫學工作者。特別是在醫療與信仰的認識上，我一直跟隨他的腳步，因此我一向把他當作我的恩師，我也經常如此告訴別人。

其實不僅是我，許多年紀與我相仿(約四十來歲)的基督徒醫師們也都認爲深受其影響。例如目前積極投入醫療與傳道事工和環保的王榮德醫師，在精神科領域默默耕耘，後來又赴美攻讀神學的蔡茂堂醫師，以醫術濟世活人的洪建平醫師等等也都這樣說過。而郭醫師之所以擁有這麼深遠的影響力，並不是他具備雄辯的口才。說實在的，凡是和郭醫師稍有接觸的，就會發現他毋寧是拙於言辭的。我從來沒有聽過他發表什麼驚人的長篇大論，他也沒有夠氣派、足以傲人的外表。比起其他大牌名醫，郭醫師平實的話語，謙虛的心靈，以及心口如一，持之以恆的爲人處世原則才是影響年輕醫師們最大的力量。他個性幽默、率眞，始終保有他天眞、明朗的赤子之心，跟他交往感覺從容自在，沒有代溝或任何隔閡。

打從我們攻讀醫學的學生時代，郭醫師就經常帶領我們這批小伙子跑遍台灣南北的山區部落去爲原住民同胞義診。每次義診，短則二、三天，長則個把星期。郭醫師每每放下自已身邊的工作和收入，陪著我們這群尙在醫學之路摸索的學生進入山地工作，並宣揚上帝國的眞理，這是何等佳美的腳踪。

回顧義診工作在醫療網尙未普及的六〇年代，其艱苦與意義當然與今天的義診不可同日而語。藉著這些義診工作，讓我們在學生時代便能體驗並認識學醫並不是只爲了賺錢養家活口而已。治療病人肉體上的病痛之外，還有更莊嚴的使命。在我們置身其間的社會裡，仍有許多不被重視，不被關心，得不到起碼醫療品質的社會邊緣人。對這些偏遠的落後地區，寄予關心，略盡道義上的棉薄之力，乃是做爲基督徒的醫護工作者責無旁貸的使命。郭醫師在這條路的啓蒙工作上，爲我們立下鮮明的標竿。畢業後，我們雖然並不是人人投身於偏遠地區的醫療工作，但是在內心深處，我們永遠不會忘記這些不幸的社會邊緣人，也始終沒有中斷對他們付出關心。這些影響應該是郭醫師，以身作則替我們樹立的榜樣。

郭醫師每一次到山地進行義診，常與原住民一起作禮拜並充當牧師，其中一則講道我至今難忘，常常轉述給我親友聽。有一次一個病人照了一張胸部X光片，向郭醫師請教，那中間白白袋狀形的東西是什麼呢？郭醫師回答說：「那就是您的心啊！」病人聽了十分詫異，又問說：「我的心怎麼沒有在正中央，而歪向一邊呢？」郭醫師的回答是這樣的：「我們每個人都自認爲自己的心很端正，其實都是歪的。不用X光來照，我們不知道我們的心是歪的，不用上帝的光來照，我們也往往自認爲自己的心地純正無邪呢！」這些妙喻，淺易而深入，讓人恍然頓悟！郭醫師常戲稱自己是有牌醫師、無牌牧師（因爲他從未正式進入神學院研讀），其實郭醫師是國際傳道會的榮譽牧師哩！

懸壺濟世五十年的郭維租醫師，今天的診所還是「維」持「租」來的。他常笑稱自己的名字裡有個「租」字，命中注定如此。他沒有豪華的轎車代步，公車與計程車是他的交通工具。凡是去過他所租的診所的人都會發現：他的診所設備素樸簡單，診療室的桌子大概使用了三十年以上吧！木桌面看來已經有點下凹，看起來竟像用久的切菜砧一般。我常想：像郭醫師這樣醫術精湛、紮實又有內涵的醫師，其診所擺設如此樸素無華，這與時下擺設豪華，氣派非凡，裝扮儼然權威泰斗的空殼醫師，相形之下，直有天壤之別，世上只一味追求門面、虛名的人，應該感到慚愧！

對許多人來說，郭維租醫師好像沒有赫赫聲名，這位在醫療、傳道、社會服務、帶領樂團宣揚樂教、翻譯宗教典籍的領域裡默默獻身的良醫，從不為自己做過的事蹟稍作吹噓。其實他是日本東京帝大醫學部的高材生，矢內原忠雄的及門弟子，也是現任「台灣史懷哲之友聯誼會」會長。他是國內基督徒醫學界凝聚心力的「先聲」之一，很多寶貴的觀念由他提出，慢慢發生影響，而後蔚然成風，產生推動的力量。欣聞曹永洋先生正著手為他撰寫《都市叢林醫生——郭維租的生涯心路》，遂不揣淺陋，把我所知道的郭維租醫師平易近人的一面，略述一、二，提供給大家參考，因為認識一個人的外表容易，要認識一個人的靈魂和精神層面卻是一件難事呢！

轉載台灣教會公報

記恩師郭維租醫師（英譯稿）

——林明輝醫師

A Great Master, Dr. Kuo Wei Tsu

by Lin Ming－hui

Dr. Kuo Wei Tsu never teaches at any university, nor have I been studing with him. However, he is a medical worker, who has had great influence on me. In medical practice and Christian faith, I follow him and look upon him as my master. I always speak of him as such. Besides me, lots of other Christian doctors who are of my age (around 40) have been influenced by him too. Dr. Wang Jung－te, who is now devoted to medical practice, preaching and environmental protection; Dr. Tsai Mao－tang, who specializes in psychiatry and theology; Dr. Hwung Chien－ping a very good doctor, have the same regard for Dr. Kuo as I.

It is not Dr. Kuo's eloquence that makes him such an influential man. In fact, those who know him would find him rather awkward. He has never given a long, inspiring lecture, nor is he a handsome, sturdy person. However, his kindness, modesty, honesty and simple way of living have great influence on young doctors. He is humorous, innocent, and childlike. When meeting him, one will feel at ease, sensing neither generation gap nor distance from Dr. Kuo.

When we were still medical sudents, Dr. Kuo often led us to the remote mountain areas in Taiwan to give voluntary medical service to people living there. He would often leave his regular job for two or three days or even a week and accompanied us doctors to work in those remote areas and preach the Gospel of the kingdom of Heaven. How beautiful his footsteps were!

In the 1960's, voluntary medical service was not so common as it is today. However, it made us realize that to be doctors doesn't only mean earning lots of money to support the family. In our society, there are still some poor people who are less cared and can not get fundamental medical care. Dr. Kuo has set a good example for us Christian doctors to give concern and medical care to those forsaken people . Although after graduation, not every one of us can devote himself to those less fortunate people, we never forget them, nor do we stop our concern for them.

Whenever Dr. kuo went to the mountain areas, he would work as a preacher and have Sunday services with the mountain inhabitants. I often tell my relatives and friends that one time Dr. Kuo mentioned that one of his patients wondered what that slant, white baggy matter was on the left side of his chest X-ray. Dr. Kuo said, "It is your heart. Every one of us believes that his heart is upright, but in fact, it is slant. If we do not take an X-ray, we will never know it is slant. If we don't look at ourselves in the light of God, we will always believe that we are pure and innocent." This is a very wonderful expression. Dr. Kuo often says that he is a licensed doctor but an illegal preacher, for he never studied at a theological college. As a matter of fact, he is an honorary preacher of the Taiwan Christian International Mission.

Dr. kuo has been practicing medicine for 50 years, but he still rents his clinic. He says it is because there is a Chinese character "Tsu" in his name which means "to rent" in English. Therefore, instead of having a house for his own clinic, he has to rent one in his whole life. He owns no sedan. Buses and taxis are his traffic tools. Whoever visits his clinic will find it is simple, the clinic desk having been used for over 30 years . It is a little curved, and looks as if it were a kitchen board.

Compared with such a competent but simple and humble Dr. Kuo, I think, those doctors who are disable, greedy for fame and wealth or proud of their luxurious decorations of their clinics shall feel ashamed.

To many people, Dr. Kuo seems not to be famous at all. He has never boasted of his medical skills, sermons, social work, nor his leading an orchestra, translating religious books or any other thing he did. As a matter of fact, he graduated from the famous Tokyo Imperial University, is a disciple of the famous Chistian professor TADAO YANAIHARA, and now President of The Albert Schweitzer Fellowship of Taiwan. He is a pioneer Christian doctor. He previses the needs of the society, presents his ideas and takes the lead to help the poor. Now that I know Mr. Tsao is writing a biography of Dr. Kuo Wei-tsu, "A Doctor in the City Jungle", I am doing my best to describe some of Dr. Kuo's kind and humble characteristics to add to Mr . Tsao's writing . After all , to describe one's appearance is one thing, to see through one's soul or inner world is quite another.

附錄(五)

台灣人，你什麼時候才會覺醒？

郭維租／口述
曹永洋／整理

算算自己的年歲，今年我已經是一個七十四歲的老人。我們這一代的人，經歷了兩個不同政權的統治，我在日據時代完成最後的教育。

出生於士林社子鄉下的我，先後就讀社子公學校、台北二中（今成功中學）、台北高校、東京帝國大學醫學部。第二次世界大戰結束那一年，我正好完成東京帝大醫學部的課程，翌年五月我踏上返鄉的商輪，滿懷希望回到自己的故鄉。

申請到第一個工作是台大醫院內科部（當時初入醫院服務的醫生是不支薪的）。一九四七年二月二十八日我親眼目睹驚心動魄的大屠殺，後來得知醫學界施江南、張七郎父子、郭章垣、簡錦文、文化界林茂生、陳炘、阮朝日、陳澄波、陳能通、王添燈，法學界吳鴻麒、林桂端、林旭屏……等無數台灣菁英都在這一場浩劫中喪生。接下來是長達卅八年的戒嚴及「誅」連甚廣的白色恐怖時代。許強、郭琇琮、葉盛吉……一一被槍殺，胡鑫麟、楊逵、歐陽文、涂南山、柯旗化……被送往火燒島長期囚禁，沒有想到掙脫了日本殖民統治的台灣同胞竟然闖進另一個更蠻橫、殘忍的桎梏，這是什麼世界？難道誠如吳濁流先生所寫的，美麗的福爾摩莎注定永遠是「亞細亞的孤兒？」

今年我在台北市立美術館看了二二八紀念畫展，陳澄波、張義雄、廖德政、鄭世璠的作品彷彿再度把我帶進時光隧道，在嘉義火車站被槍殺的畫家陳澄波先生的照片赫然在焉。張義雄先生的一幅「鳥籠」油畫，道盡了戰後台灣的噤口年代！

接著又在西門町看了萬仁執導的「超級大國民」，這部電影使我淚流滿頰，這是五十年來所拍攝最有意義的電影，每一個在台灣生活過的人——無論是那一省籍，福佬人、客家人、原住民、外省人……都應好好地思考台灣五十年來經歷了何等荒謬、無理、野蠻的神話統治！

海峽彼岸現在又在全世界衆目睽睽之下，公然展開文攻武嚇，想要拿下這個當年被淸廷稱爲「鳥不語，花不香，男無情，女無義」的台灣國！

面臨這個歷史關鍵時刻的台灣人，你們難道無視於台灣先人如何渡過黑水溝、如何篳路藍縷，開拓了這塊美麗島?!

我不相信我們是生而做奴隸的，因爲不肯正視血跡斑斑的歷史，被長期矇騙、欺壓、糟蹋，才會走上這條暗無天日的黑暗路啊！

四百年來，台灣已多次被出賣，我們未曾有機會當家作主、選擇並決定自己的命運。七十多年來我生活在這裡，我愛這塊土地，如果爲了這塊土地，要我流下最後一滴血，做爲史懷哲和平主義信徒的我也要毫不猶豫的許諾:「我願意爲台灣付出一切！」

有生之年，我還有一個夢，要親眼看到台灣成爲一個新而獨立的台灣國。

台灣人，你什麼時候才會覺醒!?

郭維租年譜

公元	年齡	記事	世界國家大事
一九二二年	0	十一月十三日出生於士林鎮社子，父親郭林田，母親郭陳爲治均爲社子公學校教員。	
一九二三年	1		九月關東大地震。
一九二九年	7	進入社子公學校(今社子國小)就讀。	社會不景氣。
一九三〇年	8		霧社事件。
一九三一年	9		九一八滿州事變。
一九三五年	13	進入台北州立台北二中(今成功中學)。	
一九三七年	15		中日戰爭爆發。
一九三九年	17	進入台北高校。	
一九四一年	19		太平洋戰爭爆發。
一九四二年	20	赴日留學，考進東京帝國大學醫學部，住高砂寮，開始接受醫學生的課程和訓練。	
一九四三年	21	一月十日左右邂逅日本思想家、信仰導師矢內原忠雄。	台灣新文學之父賴和醫師逝世。

		三月十六日乘「高千穗號」客輪遭遇海難，上千人喪生，先生爲二四九人生還者之一。	美軍在南太平洋大舉反攻。
		五月再回東京繼續未竟的學業。夏天發現有輕微肺結核，休養兩個月後逐漸康復。秋天在高砂寮召開東京學生代表會時初識王彩雲。	日軍開始節節敗退。
一九四四年	22	搬出高砂寮，至二宮家「下宿」(租日本民間的房子)，王彩雲畢業，並在東大分院婦產科服務。	日軍敗象已露，都市進行向鄉村全面疏散。
一九四五年	23	三月結束東京帝大醫學部課程，進入坂口內科。	三月十日、五月二十七日前夕東京遭美軍大空襲，一片火海，滿目瘡痍。
		八月六日第一枚原子彈投擲廣島，九日第二枚原子彈投在長崎，舉世震驚。八月十五日日皇裕仁廣播宣布無條件投降。	十月二十五日國民政府接收台灣。

		九月畢業，領取畢業證書和醫師證書。	
一九四六年	24	三月王彩雲先返回台灣。五月回鄉住社子國小宿舍。回台大醫院第一內科服務，職務爲無薪水之助教。十一月與王彩雲結婚，王彩雲入「迎婦產科」服務。	
一九四七年	25	二二八事件震撼全島。五月搬到迎婦產科宿舍，爲了生活到啤酒公司兼職。秋天陳茂源先生在北投開始基督教聚會。十月長女郭敬惠出生。	二二八事件發生。
一九四九年	27	擔任台大醫院內科助教，搬進金華街台大宿舍。長子郭汝容出生。	
一九五〇年	28	台大醫院採美國制，內科合併，擔任第一屆總住院醫師(CR共有三位)。傅斯年校長銳意改革校務，台大醫院恢復生氣，次女郭順惠出生。	國民政府退守台灣。強化反共抗俄政策。韓戰爆發。白色恐怖政治開始。

一九五一年 29 擔任內科主治醫師。

一九五二年 30 向台大醫院提出辭呈。擔任私立林本源博愛醫院內科主任。三女郭慈惠出生。暫住博愛醫院宿舍。

一九五三年 31 搬到浦城街木造平房。

一九五四年 32 母親郭陳爲治病逝，享年53歲。四女郭信惠出生。

一九五五年 33 擔任私立林本源博愛醫院院長，服務軍醫半年。

愛因斯坦、羅素、史懷哲等聯合聲明，呼籲人類反核、追求和平。

一九六〇年 38 暑假王彩雲帶順惠到東京看眼科，秋天，林本源博愛醫院解散。夫婦在寧夏路租屋開設「博愛診所」。

一九六二年 40 台北基督教醫學協會（TCMA）成立，擔任理事兼《醫療與傳道》月刊主編。

一九六三年美國總統甘迺迪遇刺身亡，享年46歲。

一九六五年 43 九月四日史懷哲去世，享年九〇歲，曾在非洲蘭巴倫醫院服務七年之高橋功來台演講。

一九六六年　44　ＴＣＭＡ和福利會在日月潭合辦「家庭計畫會議」，提倡節育。

一九六七年　45　中華民國基督徒醫學協會（ＣＣＭＡ）在關仔嶺成立。

曾在非洲蘭巴倫醫院十八年的阿莉小姐（Miss Ali Silver）來台訪問，並在各地以紀念史懷哲為題演講。

與日本基督徒醫科聯盟（ＪＣＭＡ）合辦花蓮光復鄉義診。

一九六八年　46　「世紀交響樂團」在台北創立，擔任八里樂山園董事。和ＪＣＭＡ合辦仁愛鄉（霧社）義診。

一九七〇年　48　戰後首次訪問日本，「世紀交響樂團」赴日演奏，郭敬惠留守，夫婦和其他四個兒女同行。三女郭慈惠以全國聯考丙組狀元考入台大醫學院。

日本大阪「萬國博覽會」。

一九七二年	50	「世紀交響樂團」訪問韓國、日本演奏、旅行。和韓國基督徒醫師協會(KCMS)合辦南韓全州義診。	喪失聯合國會員國席位。中日斷交。
一九七三年	51	中日韓基督徒醫學協會合辦義診，展開公衛工作。國際傳道會設「日語禮拜」，擔任主委。	
一九七四年	52	擔任「中華民國基督徒醫學協會」(CCMA)會長。中日韓合辦醫療服務。長女郭敬惠赴日本留學，進入東大分院口腔外科進修。「世紀交響樂團」首次赴美西演奏旅行，慈惠、信惠以團員身分同行。協助高橋三郎先生每年率團來台傳道，鼓勵在急危中的基督徒。	
一九七五年	53	參與籌備成立「台灣史懷哲之友會」。在CCMA提倡「史懷哲精神」。長子郭汝容和江美玲結婚並赴美深造。與陳五福博士參加在東京舉行「第一屆亞太史懷哲之友大會」並發表演講。	蔣介石總統逝世。

		「世紀交響樂團」首次赴歐洲演奏旅行，慈惠、信惠仍以團員身分參加。郭順惠和王廼輝醫師結婚。並在中山醫院服務，住夫婿王迺輝醫師榮總宿舍。赴新加坡參加國際基督教醫師大會（ＩＣＣＰ）（三年一次）。	越南變色。赤色高棉大屠殺。
一九七六年	54	「台灣史懷哲之友會」在台北成立，第一任會長爲陳五福博士。	一九七六年「鐵血文人」吳濁流逝世。
一九七八年	56	參加瑞士ＩＣＣＰ大會，郭敬惠從日本參加，外孫王仁志，孫女郭雅純出生。	
一九七九年	57	郭慈惠畢業後在台大內科服務兩年，然後與林晃達醫師結婚赴美進修，同行訪美。參加「慕光二十周年校慶」及台大醫院第七講堂舉行之「第二屆史懷哲之友亞太會議」。	越南入侵高棉，難民大批湧入泰國。與美國斷交。

一九八〇年 58 五月赴泰國，爲難民服務。郭信惠和胡俊哲醫師結婚，赴美進修，和岳父、林親家、親家母相偕同行。以後每年赴美探訪子女一或二次。

一九八二年 60 赴印度參加ＩＣＣＰ大會，擔任台灣麻瘋救濟協會(ＴＬＲＡ)會長。擔任史懷哲之友第二任會長。

一九八三年 61 在英國劍橋大學舉行「史懷哲國際會議」，與陳五福博士等十人組團參加，並作歐洲之旅，詳見施義勝著《歐洲訪史懷哲行踪》，在陽明山召開中日韓ＣＭ交流會議。父親郭林田遽然病逝，享年八十五歲。

一九八五年 63 郭敬惠和林煥群(工學博士)先生結婚，仍旅居東京。

一九八六年 64 參加墨西哥ＩＣＭＤＡ(國際基督徒醫師牙醫師協會)大會。

一九八七年 65 福音叢書矢內原忠雄《我所尊敬的人物》中譯本出版。台灣解嚴，開放大陸探親。

一九八八年	66	翻譯矢內原忠雄《創世紀講義》出版。「日語禮拜」改組爲「教會」，屬長老會，擔任長老。	蔣經國總統逝世，李登輝繼任總統。
一九八九年	67	「大同博愛診所」遷到中山北路二段現址，郭敬惠和夫婿一家定居美國洛杉磯。出版《撒母耳記講義》中譯本。	
一九九〇年	68	赴韓國參加ＩＣＭＤＡ大會。參加日本東京大學醫學部同學會。	
一九九一年	69	赴日本祝賀二內弟娶長媳，順道往訪堂哥賀來宗光醫師（原名：郭萬壹）及松江市藤原老師，出席王彩雲東邦大學同學會。擔任台灣福音書刊編譯基金會會長。矢內原忠雄《約翰福音講義》出版。	
一九九二年	70	和ＹＭＣＡ、台灣醫界聯盟合辦「認識核能危機座談會」。八月赴紐約聯合國參加美國史懷哲人文協會主辦《環保與倫理》國際會議。矢內原忠雄《以賽亞書講義》出版。	反核四運動。台灣重新加入聯合國運動。

一九九三年	71	八月赴美國佛羅里達參加防止麻瘋國際會議。	
一九九四年	72	八月赴日本參加JCMA總會，以〈台灣基督徒醫學協會三十年〉爲題發表演講。 矢內原忠雄《我所尊敬的人物》再版。 從日語教會長老退休(服務二十二年)。	
一九九五年	73	五月二十八日赴彰化接受「賴和醫療獎」，鍾信心女士獲同屆「賴和醫療服務獎」。 八月赴挪威參加ICMDA大會。參加日本史懷哲之友會議。 十一月應邀參加日本無教會全國大會並演講。順訪退休的岡村牧師。	
一九九六年	74	五月，傳記《都市叢林醫生》，由台灣前衛出版社、美國台灣出版社同步發行。 高橋三郎《馬太福音講義》(上)出版。 矢內原忠雄《耶穌傳》出第四版。	台灣四百年來首次總統民選，李總統高票當選連任。中共文攻武嚇，卻得到反效果，國民一致反感厭惡。

曹永洋作品系列

一、《歷史人物的回聲》（志文出版社，新潮文庫／一九七六年出版）

二、《噶瑪蘭的燭光／陳五福醫師傳》（前衛出版社／一九九三年出版）

三、《鴻爪屐印／許燦煌博士自敘傳》（清隆企業印行／非賣品／一九九四年出版）

四、《都市叢林醫生／郭維租的生涯心路》（前衛出版社／一九九六年出版）

五、《八芝蘭隨筆》（曹賜固口述／曹永洋執筆／自印／一九九〇年出版）

六、《台灣藝術散文選》（郭楓主編／第二冊／收入散文十篇／大陸百花文藝出版社簡體字本／一九九〇年出版）

編譯作品系列

一、《電影藝術·黑澤明的世界》（志文出版社新潮文庫／一九七三年出版／已絕版）

二、《居禮夫人傳》（志文出版社新潮文庫／與鍾玉澄合譯／一九七五年初版／一九九六年重排）

三、《史懷哲的世界》（志文出版社新潮文庫／一九八八年初版）

四、《新編·死的況味》（志文出版社新潮文庫／一九九五年新版）

五、《士林國小壹佰年紀念專輯》（士林國小校友會印行／一九九五年出版）

六、《史懷哲愛的腳踪》（志文出版社新潮文庫／一九九六年出版）

七、編纂整理徐復觀教授著作均由時報文化／學生書局印行。包括《徐復觀教授紀念文集》、《徐復觀家書精選》等十餘種。

八、《神的國‧人間路／高俊明牧師傳》（正著手撰寫中，敬請期待。）

國家圖書館出版品預行編目資料

都市叢林醫生：郭維租的生涯心路／曹永洋著
--初版. --臺北市：前衛，1996〔民85〕
面；　公分，--(新臺灣文庫；32)
ISBN 957-801-090-7(精裝)

1.郭維租-傳記

782.886　　85003212

都市叢林醫生

—郭維租的生涯心路

A Doctor in the City Jungle

新台灣文庫㉜

著　　者／曹永洋
美國版／Taiwan Publishing Co., Inc.
14252 Culver Dr., Suite A-117
Irvine, CA 92714, U. S. A.
Tel./(714)8631618 Fax/(714)8633141
台灣版／前衛出版社
台北市和平東路一段200號10樓
電話：(02)3650091　傳眞：(02)3679041
郵撥：05625551前衛出版社
登記證／局版台業字第2746號
發行人／林文欽
出　　版／一九九六年五月十五日台灣版第一刷
一九九七年一月台灣版第二刷
定　　價／平裝新台幣300元